Tara Spencer

Praktischer Ernährungsplan und 75 einfache Rezepte

Das Kochbuch gegen Migräne

BOOKS4SUCCESS

Die Originalausgabe erschien unter dem Titel:
The Migraine Relief Diet
ISBN 978-1-62315-704-3

Bildnachweis:
Fotos: Shutterstock
Fotos innen © George Blomfeld/StockFood, S. 3; Javier Pardina/Stocksy, S. 14; Renáta Dobránska/Stocksy, S. 42; Rikki Snyder/StockFood, S. 52; Daniel Hurst/Stocksy, S. 72; Victoria Firmston/StockFood, S. 76; Maja Topčagić/Stocksy, S. 88; Ina Peters/Stocksy, S. 104; Martina Urban/StockFood, S. 120; Vera Lair/Stocksy, S. 144; Eising Studio – Food Photo & Video/StockFood, S. 168; Csenge Dusha/Stocksy, S. 178; Eising Studio – Food Photo & Video/StockFood, S. 194;

Übersetzung: Birgit Irgang
Gestaltung Cover: Johanna Wack
Gestaltung, Satz und Herstellung: Martina Köhler
Lektorat: Karla Seedorf
Druck: Firmengruppe Appl – Aprinta Druck GmbH, Wemding

ISBN 978-3-86470-529-8

Bibliografische Information der Deutschen Nationalbibliothek:
Die Deutsche Nationalbibliothek verzeichnet diese Publikation in der Deutschen Nationalbibliografie; detaillierte bibliografische Daten sind im Internet über <http://dnb.d-nb.de> abrufbar.

BÖRSEN MEDIEN
AKTIENGESELLSCHAFT

Postfach 1449 · 95305 Kulmbach
Tel: +49 9221 9051-0 · Fax: +49 9221 9051-4444
E-Mail: buecher@boersenmedien.de
www.books4success.de
www.facebook.com/books4success

Inhalt

Vorwort

Vielen Menschen ist nicht klar, wie häufig Migräne vorkommt. Drei von 100 Menschen leiden unter Migränekopfschmerzen, und bei den Frauen ist es eine von zehn. Die meisten Patienten sind zwischen 30 und 40 Jahre alt, befinden sich also in einer Phase, in der sie üblicherweise besonders beschäftigt sind mit der Familie und ihrer Karriere.

Was geschieht bei einer Migräne, und wie wird sie ausgelöst? Man nimmt an, dass Menschen mit Migräne ein oder mehrere Gene haben, die beeinflussen, wie ihr Nervensystem arbeitet. Es gibt zwar zahlreiche verschiedene Formen von Migräne, doch das gemeinsame Kennzeichen ist, dass das Nervensystem empfindlicher reagiert als normal. Wenn die Nerven stimuliert werden, löst eine Reaktion tief im Inneren des Gehirns eine elektrische Aktivität aus, und es werden Chemikalien freigesetzt, die dafür sorgen, dass die Blutgefäße sich erweitern und anspannen. Die Entzündung führt zu einer Schwellung und Schmerzen. Diese übertriebene Reaktion kann auch andere Teile des Nervensystems beeinträchtigen, die keine Schmerzen verursachen. Das erklärt, warum Migräneanfälle vorübergehend Auswirkungen auf den Verdauungstrakt haben, gewöhnlich verbunden mit Übelkeit und Erbrechen, aber auch auf den Sehsinn, sodass der Patient Wellenlinien sieht oder blinde Flecken hat. Darüber hinaus erklärt es die vorübergehende Unfähigkeit zu sprechen, Taubheitsgefühle oder sogar Lähmungen einzelner Körperteile. Und nach den Kopfschmerzen folgen ein oder zwei Tage, an denen man nur schwer klar denken kann, lichtempfindlich und müde ist.

In der Regel verändert sich Ihre Migräneerkrankung im Laufe der Zeit. Möglicherweise hat sie in der Kindheit Koliken oder Erbrechen ausgelöst, Reisekrankheit in der Jugend oder normale Kopfschmerzen als Teenager und Benommenheit im Erwachsenenalter. Aufgrund hormoneller Schwankungen und der anhaltenden Auswirkungen wiederholter Entzündungen im Gehirn entwickeln viele Menschen mit Migränekopfschmerzen alltäglichere Symptome wie Druck im Gesicht, Empfindlichkeit der Haut und andere seltsame Empfindungen. Man nimmt an, dass Sie durch eine Kontrolle der Auslöser von Migräneanfällen in der Lage sein sollten, die chronischere Form der Krankheit zu vermeiden.

Auslöser können Faktoren der Umwelt, der Ernährung oder der Physiologie sein. Zu den üblichen Einflüssen aus der Umwelt und Umgebung, die als Trigger infrage kommen, zählen Wetterumschwünge, ein Schmerzreiz, intensive Gerüche sowie helles Licht und großer Lärm. Schlafmangel,

Stress und hormonelle Veränderungen gehören zu den physiologischen Auslösern. Es mag mehr als einen Weg geben, den unser Körper einschlägt, weil er negativ auf unsere Nahrung reagiert. Man vermutet, dass einige Nebenprodukte aufgenommener Nahrungsmoleküle in das Nervensystem eindringen und Neurotransmitter imitieren oder direkt das Nervensystem reizen. Das sind chemische Auslöser. Doch es gibt einen weiteren indirekten Weg, über den die Nahrung das Nervensystem reizt – manche Migränepatienten reagieren auf bestimmte Lebensmittel, als seien diese ein Fremdkörper, sodass eine Reaktion des Immunsystems ausgelöst wird.

Im Bereich der Nahrung gibt es Hunderte potenzieller Migräneauslöser. Umfassende Listen von Lebensmitteln, die eine Migräne auslösen können, gibt es im Internet, einige finden Sie auch auf den folgenden Seiten. Wie und warum manche Menschen so ungewöhnlich auf verschiedene Eiweiße oder Chemikalien in der Nahrung reagieren, ist noch nicht grundlegend erforscht.

Im Allgemeinen kann man die Nahrungsauslöser in drei Hauptkategorien einteilen:

1. Nebenprodukte der Nahrungsmittelalterung und Fermentierung (Rotwein, alter Käse)
2. Nahrung mit Chemikalien, die Neurotransmittern unseres Gehirns ähneln (Kaffee, Schokolade, Glutamat und Nitrate, die in geräuchertem Fleisch vorkommen)
3. Lebensmittel, gegen die wir eine leichte oder stumme Allergie oder Unverträglichkeit haben

Häufig werden Migränepatienten auf Allergien getestet, und man findet eine allergische Empfindlichkeit gegenüber einem gängigen Lebensmittel. Selbst wenn die Nahrung im Verdauungstrakt keine Probleme auslöst, die üblicherweise an eine Unverträglichkeit denken lassen, ist es oft hilfreich, dieses Lebensmittel vom Speiseplan zu streichen. Manchmal kann eine Nahrungsmittelallergie mithilfe eines Haut- oder Bluttests entdeckt werden. So helfen Bluttests beispielsweise, eine Unverträglichkeit gegenüber Gluten zu erkennen, die Zöliakie genannt wird. Doch die meisten Menschen haben eine andere Form der Empfindlichkeit gegenüber den Eiweißen in Getreide, die nicht mit einem Bluttest festgestellt werden kann.

Eine Ausschlussdiät – das sorgfältige Meiden bestimmter Lebensmittel für eine gewisse Zeit, gefolgt von einer Wiedereinführung der Lebensmittel – ist eine der zuverlässigsten Methoden, einen Migräneauslöser in der Ernährung zu finden. Nutzen Sie dieses Buch als Leitfaden, der Sie durch die Ausschlussdiät und die Wiedereinführungsphase begleitet, um Ihnen zu helfen, Ihre Auslöser in der Nahrung aufzuspüren.

Seien Sie vor allem geduldig. Es kann sechs bis zehn Wochen dauern, bevor Sie eine Verbesserung wahrnehmen, doch bei den meisten Menschen wird dies der Fall sein. Nachdem eine Linderung der Symptome erreicht ist, können Sie die verdächtigen Lebensmittel wieder in Ihren Speiseplan aufnehmen – einzeln nacheinander, damit Sie die Auslöser ermitteln können. Trotz der Schwierigkeiten, die mit dieser Vorgehensweise verbunden sind, haben wir festgestellt, dass tendenziell auch die am schlimmsten von Migräne Betroffenen reagieren und für ihre Mühen reich belohnt werden. Die migränesicheren Rezepte in diesem Buch können Ihnen helfen, eine neue Methode zu erlernen, um Ihre Migräne unter Kontrolle zu halten. Wir hoffen, dieses Material wird Ihnen helfen, Ihre Migränesymptome besser kontrollieren zu können und Ihre Lebensqualität zu verbessern.

– Dr. Frederick Godley, Vorsitzender des US-amerikanischen Verbands für Migräneerkrankungen, und Dr. Michael Teixido, Zweiter Vorsitzender des US-amerikanischen Verbands für Migräneerkrankungen

Einleitung

Eine *Migräne* ist ein komplexes neurologisches Krankheitsbild, das ungefähr 15 Prozent der Weltbevölkerung betrifft. Meine erste Migräne hatte ich im Alter von fünf Jahren. Die Ärzte taten meine Leiden trotz der Tatsache ab, dass ich alle klassischen Migränesymptome zeigte: Schmerzen in den Schläfen, starker Druck auf dem Kopf und eine akute Empfindlichkeit gegenüber Licht und Lärm. Darüber hinaus hatte ich eine genetische Prädisposition für Migräne. Trotzdem wurde mir gesagt, ich sei zu jung, um *Migränikerin* (also Migränepatientin) zu sein. Meine Migräneanfälle wurden heftiger und häufiger, dennoch hatte ich bis zum Alter von zehn Jahren noch immer keine ordentliche Diagnose. Bis zu diesem Zeitpunkt hatte ich eine schwierige Kindheit, da ich keine Erklärung dafür erhielt, dass ich mich fühlte, als ob mein Gehirn versuchen wollte, durch die Schädeldecke hindurch zu explodieren.

Als ich heranwuchs, bekam ich mit, dass mein Vater regelmäßig an Migräneanfällen litt, die ihm meist die Tränen in die Augen trieben. Ich erfuhr, dass einige seiner Migräneauslöser deckungsgleich mit meinen waren, erkannte aber auch, dass meine Migräne in vielerlei Hinsicht anders war. So wurden wir beide von ähnlichen Nahrungsmitteln und lauten Geräuschen beeinträchtigt, doch er war im Gegensatz zu mir nicht licht- und geruchempfindlich. In meiner Kindheit war meine Migräne schlimmer als das, was ich bislang als Erwachsene erlebt habe; damals ging sie fast immer mit Erbrechen einher – ein Symptom, dem ich in den letzten Jahren nur noch selten ausgesetzt war.

Fast 20 Jahre lang litt ich unter regelmäßigen Anfällen. In den schlimmsten Zeiten kam es zwei Jahre lang zu mindestens einer Attacke pro Woche, was sowohl mein berufliches als auch mein gesellschaftliches Leben stark beeinträchtigte. Häufig war ich gezwungen, mich krankzumelden oder meine Arbeitstage zu verkürzen. Damals arbeitete ich in der Finanzindustrie, die für ihre langen Arbeitszeiten und ein hohes Stressniveau bekannt ist – und man weiß, dass Letzteres ein Migränetrigger ist. Da ich so oft an meinem Arbeitsplatz fehlte, fühlte ich mich noch stärker gestresst, und so ging der Teufelskreis weiter.

Wie viele Menschen hatte ich mich mit der Vorstellung abgefunden, dass Migräne ein unvermeidbarer Teil meines Lebens war. Wöchentliche Attacken waren inzwischen leidvolle Normalität geworden. Mein Körper sprach auf keine Medikation an, und andere Lebensstilfaktoren, die üblicherweise als natürliche Alternativen zur Linderung genannt werden – wie Sport und Massage – brachten nur sehr vorübergehend eine Besserung.

Im Jahr 2012 machte ich meinen Abschluss als Ernährungsberaterin. Ich wendete mein neu erworbenes Wissen an und übernahm die Kontrolle über meine Ernährung, um meine Migräne in den Griff zu bekommen. Bestimmte Lebensmittel wie verarbeitetes Fleisch und Koffein waren bei mir schon immer heftige Trigger gewesen, doch über das breitere Spektrum anderer Nahrungsmittel, die potenzielle Auslöser sein könnten, war ich mir nicht im Klaren. Als ich all diese Nahrungsmittel von meinem Speiseplan strich und mich auch um andere Faktoren meines Lebensstils kümmerte, gelang es mir, die Häufigkeit meiner Anfälle und deren Intensität deutlich zu reduzieren. Glücklicherweise konnte ich später einige dieser Trigger-Lebensmittel wieder einführen, doch ich war bereit, eine eingeschränktere Diät zu akzeptieren, wenn das dazu führte, dass ich schmerzfrei und funktionsfähig war. Wie bei vielen medizinischen Problemen gilt auch hier, dass die Symptome und Behandlungsmöglichkeiten von Fall zu Fall unterschiedlich sind; deshalb sind das individuelle Experimentieren und eine eingehende Beobachtung entscheidend.

Im vergangenen Jahr hatte ich drei Migräneereignisse, und jedes Mal gelang es mir, die Schmerzen mit einem rezeptfrei erhältlichen Medikament zu lindern. Ich leide nicht mehr unter häufigen Schmerzen in Schultern und Nacken, die einer unvermeidbaren Migräne vorausgehen, und ich bin weniger besorgt, dass jedes helle Licht und jeder intensive Geruch einen Anfall auslösen könnte. All das wäre in der Zeit undenkbar gewesen, in der ich mit mehr als 50 Migräneattacken pro Jahr zu kämpfen hatte und auch auf die stärksten verschriebenen Medikamente nicht ansprach. Die Umstellung meiner Ernährung, um Triggernahrung zu meiden, hat dazu geführt, dass ich mich wesentlich gesünder fühle, und das hat wiederum meine Lebensqualität sehr deutlich verbessert. Auch wenn Migräne nicht vollkommen geheilt werden kann, ist es doch möglich, sie in den Griff zu bekommen.

Die meisten Langzeit-Migräniker haben jede Standardmethode ausprobiert und Schmerzmittel ebenso eingenommen wie präventive Medikamente. Es kommt allerdings sehr häufig vor, dass die Patienten gegen die traditionelle Medizin resistent sind. Da die Migräneveranlagung eines Menschen sich normalerweise in der Kindheit oder frühen Jugend zeigt, akzeptieren viele einfach, dass sie zu einem Leben mit nicht behandelbaren Anfällen verdammt sind. Doch so muss es nicht sein.

Das Kochbuch gegen Migräne nimmt Frustrationen in Angriff, die entstanden sind, weil der Körper auf traditionelle Behandlungsmethoden nicht anspricht. Es ist für all jene gedacht, die einen natürlicheren Weg finden möchten, ihren Körper in erster Linie durch Ernährungsumstellungen zu heilen. Dieses Buch wendet sich an jeden, der noch nie in Betracht gezogen hat, als Methode der

Heilung seine Ernährung umzustellen, oder der es möglicherweise ausprobiert, aber die falsche Vorgehensweise gewählt hat. Verarbeitete Lebensmittel, Milchprodukte, Zucker, künstliche Süßstoffe, Koffein und Alkohol gelten häufig als Migränetrigger, ebenso zu wenig zu essen und Mahlzeiten auszulassen. Dieses Buch wird Ihnen erklären, wie Sie Ihren Umgang mit der Ernährung am besten strukturieren, um die Auftretenshäufigkeit der Migräne stark zu reduzieren, indem Sie zunächst die oben erwähnten entzündungsfördernden Lebensmittel von Ihrem Speiseplan streichen, um sie später wieder einzuführen.

Das Kochbuch gegen Migräne bietet Ihnen eine vollständige Musterdiät für vier Wochen sowie Rezepte, damit der Übergang so einfach und lecker wie möglich gelingt. Bei den köstlichen Rezepten, aus denen Sie für jede Mahlzeit auswählen können, wird es Ihnen kaum auffallen, dass Sie auf bestimmte Nahrungsmittel verzichten. Am Ende des Monats können Sie die Diät an Ihre persönlichen Vorlieben und schon bald ermittelten Trigger anpassen. *Das Kochbuch gegen Migräne* wird Ihnen helfen, ein neues, gesundes Kapitel Ihres Lebens aufzuschlagen.

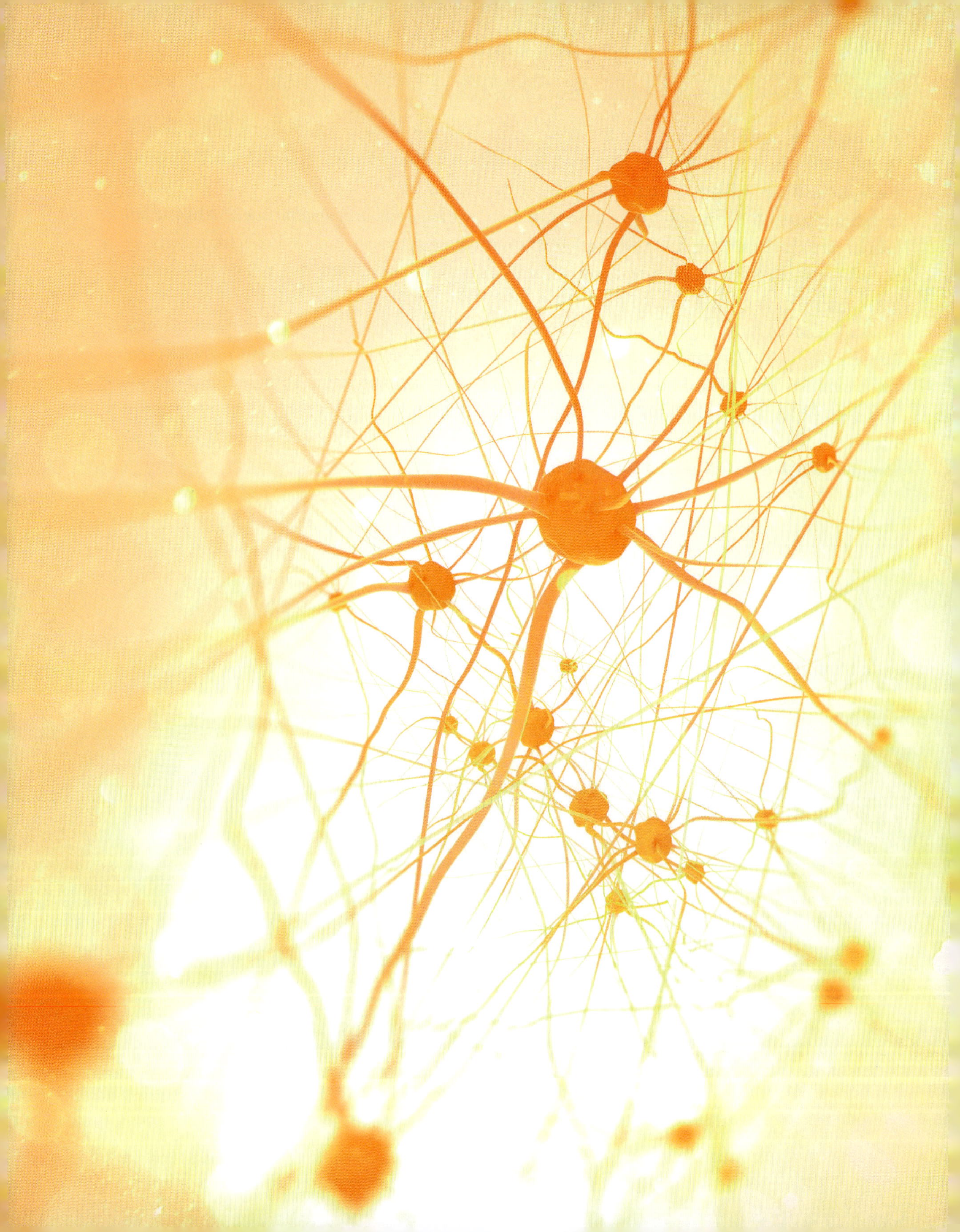

Teil 1

Migräne verstehen

Migräne ist ein komplexes medizinisches Krankheitsbild mit einer Liste von Symptomen, die von Person zu Person unterschiedlich sind. Trotz ihrer großen Verbreitung wird die Migräne noch immer meist falsch verstanden. Der erste Teil dieses Buches beschäftigt sich mit der medizinischen Definition dieses Leidens und erläutert, wie und warum eine Migräne auftritt. Die ärztlichen Standardmethoden zur Behandlung von Migräne sowie einige alternative, natürliche Heiloptionen werden vorgestellt.

Der erste Teil beschäftigt sich auch mit einigen der gängigen Migränetrigger – einschließlich Lebensmitteln – und erklärt, wie sie in Kombination eine individuelle Schwelle überschreiten können, sodass es zu einem Migräneanfall kommt. Ich werde Ihnen zeigen, dass die beste Möglichkeit, die Häufigkeit und Intensität Ihrer Migräneattacken zu reduzieren, darin besteht, einen ganzheitlichen Ansatz zu wählen: Nehmen Sie sich Zeit für Sport, ernähren Sie sich gesund, meiden Sie Trigger und finden Sie passende Methoden zum Stressabbau.

Kapitel 1

Ein komplexes Krankheitsbild

Eine Vielzahl berühmter Persönlichkeiten hat im Laufe der Jahrhunderte unter Migräne gelitten – zum Beispiel Charles Darwin, Albert Einstein, Sigmund Freud und Vincent van Gogh. Emily Dickinson hat über ihre Migräneexperimente sogar ein Gedicht geschrieben: „Begräbnis fühlt' ich im Gehirn". Whoopi Goldberg, Janet Jackson, Hugh Jackman, Lisa Kudrow und Serena Williams zählen zu den Migränikern unserer Zeit. Viele dieser Prominenten haben öffentlich über ihr Leiden gesprochen und erklärt, dass es sich gelegentlich negativ auf ihre Arbeit auswirkt.

Schätzungsweise die Hälfte aller Migränepatienten leidet still, ohne medizinische Hilfe zu suchen. Aus diesem Grund ist die genaue Anzahl der Personen, die unter Migräne leiden, nicht bekannt, doch man nimmt an, dass ungefähr 12 bis 22 Prozent der Bevölkerung betroffen sind. Neuen Zahlen von Migraine.com zufolge erleben fast fünf Millionen Menschen in den USA mindestens einen Migräneanfall pro Monat, während angeblich mehr als 37 Millionen Menschen insgesamt an Migräne leiden.

Forscher geben an, dass bei Frauen im Vergleich zu Männern die Wahrscheinlichkeit drei Mal höher ist, an Migräne zu leiden, und ungefähr eine von vier Frauen wird im Laufe ihrer fruchtbaren Jahre Migränen erleben (Smitherman et al. 2013). Die Attacken sind eng mit hormonellen Schwankungen verbunden, die bei Frauen während der monatlichen Menstruationszyklen auftreten. Das bedeutet auch, dass die Häufigkeit und Intensität der Attacken bei Frauen sich während Schwangerschaften und in den Wechseljahren ändern und durch hormonelle Verhütungsmittel verschlimmern kann.

Etwa 70 Prozent der Menschen, bei denen Migräne auftritt, haben eine familiäre Disposition für dieses Leiden. Man nimmt an, dass die Migränehäufigkeit zwischen dem frühen und mittleren Erwachsenenleben am größten ist und danach beträchtlich abnimmt. Rund zehn Prozent der Kinder unter 15 Jahren sind von Migräne betroffen und werden das mit großer Wahrscheinlichkeit auch im Erwachsenenalter sein (Migraine.com).

In diesem Kapitel wird definiert, was eine Migräne ist und was nicht; und es bringt Ihnen Strategien nahe, wie Sie Ihre Migräneattacken nachverfolgen können. Wenn Sie schon lange darunter leiden, haben Sie sich wahrscheinlich schon selbst beobachtet und medizinische Hilfe gesucht, sodass die Informationen, die Sie in diesem Kapitel finden, Ihnen möglicherweise nicht vollkommen neu sind. Es ist jedoch entscheidend, sich kurz mit der Frage zu beschäftigen, wie und warum es zu einer Migräne kommt, damit Sie versuchen können, sie zu erkennen und in einem frühen Stadium aufzuhalten. Anschließend werden die üblichen Behandlungsmethoden vorgestellt, bevor erläutert wird, auf welche Weisen Nahrung eingesetzt werden kann, um Ihre Migräne zu kontrollieren.

Was ist Migräne?

Migräne ist eine Krankheit, die durch eine abnormale Aktivität im Gehirn verursacht wird, für gewöhnlich in Gestalt einer übermäßigen Reizung der Nerven. In den meisten Fällen wird sie als extrem schmerzhafter Kopfschmerz beschrieben, der begleitet wird von Übelkeit, Erbrechen, verschwommenem Sehen sowie einer erhöhten Empfindlichkeit gegenüber Licht, Geräuschen und Gerüchen. Diese Kopfschmerzen sind häufig pulsierend oder treten isoliert an einer Stelle auf, in der Regel rund um eine der Schläfen oder hinter einem Auge.

Es ist jedoch wichtig zu erkennen, dass zu einer Migräne nicht immer Kopfschmerzen gehören. Obwohl es häufig so ist, geht es bei einer Migräne um deutlich mehr als um Kopfschmerzen. Bei vielen Menschen bedeutet Migräne Benommenheit, Gesichtsschmerz und -druck und/oder eine verstopfte Nase. Diese Symptome können im Laufe des Lebens variieren.

Migränen können schwächen und die Kranken für bis zu 72 Stunden außer Gefecht setzen. Hinsichtlich der Häufigkeit gibt es bei den Patienten keine Normalität: Manche erleben ein paar Migräneattacken pro Jahr, während andere mehrere Anfälle im Monat haben.

Migräne belastet das Gesundheitssystem. Über die von der Migräne selbst verursachten Kosten hinaus gehen mit ihr in zunehmendem Maße körperliche und psychiatrische Begleiterkrankungen einher. Daten der US-amerikanischen Centers for Disease Control and Prevention (2014) zufolge zählen Kopfschmerzen zu den fünf Hauptgründen für einen Besuch der Notaufnahme und zu den 20 meistgenannten Gründen für ambulante Arztbesuche in den Vereinigten Staaten. Etwa einer von vier Migränikern gibt an, schon aufgrund heftiger Kopfschmerzen die Notaufnahme aufgesucht zu haben.

Den Daten der American Migraine Study II (Lipton et al. 2001) zufolge kommt es bei 73 Prozent der Menschen zu Übelkeit, und 29 Prozent erbrechen sich während eines Migräneanfalls. Darüber hinaus berichten Patienten, die unter durch Migräne verursachter Übelkeit leiden, über stärkere Schmerzen und größere Schwierigkeiten, durch Medikamente eine Linderung zu erfahren.

Die meisten Menschen können während einer Migräneattacke nicht arbeiten oder normal funktionieren. Der durchschnittliche Patient fehlt infolgedessen jedes Jahr zwei Arbeitstage. Da es während der produktivsten Arbeitsjahre des Lebens verstärkt zu Migräne kommt, fordert diese Krankheit eindeutig auch einen finanziellen Tribut. Der American Headache Society (2015) zufolge belaufen sich die Migränekosten für versäumte Arbeitstage in den USA auf mehr als 13 Milliarden Dollar pro Jahr. Die Auswirkung dieser Krankheit auf das Gesundheitswesen wird auch weiterhin ein großes Problem für die Gesellschaft bleiben, solange nichts getan werden kann, um die Behandlungsmethoden zu verbessern.

Sehen wir uns einmal die vier häufigsten Phasen einer Migräne an:

- Vorbotenphase
- Auraphase
- Attacke
- Rückbildungsphase

Es ist wichtig zu wissen, dass nicht jeder Patient alle vier Stadien durchläuft: Viele leiden einfach unter dem Kopfschmerz an sich, während andere möglicherweise keine Kopfschmerzen, sondern lediglich die anderen Symptome haben.

Vorbotenphase

Die *Vorbotenphase* dauert zwischen einer Stunde und zwei Tagen und findet statt, bevor die eigentliche Migräne zuschlägt. Sie umfasst Symptome wie Stimmungsschwankungen, Verstopfung, Heißhunger auf bestimmte Nahrungsmittel, steifer Nacken und unkontrolliertes Gähnen. Manche Migräniker fühlen sich in dieser Phase niedergeschlagen und reizbar, während andere hyperaktiv und glücklich sind. Diese Symptome können natürlich auch auf andere Ursachen zurückgehen, sodass Migränepatienten individuelles Urteilsvermögen entwickeln müssen, um zu erkennen, ob sich eine Migräne ankündigt.

Auraphase

Bei ungefähr einem von drei Menschen, die unter starken Migräne-Kopfschmerzen leiden, geht den Attacken manchmal eine sogenannte *Aura* voraus oder der Anfall wird von einer solchen begleitet. Die Aura ist ein Symptom des Nervensystems und umfasst Lichtblitze, ein Kribbeln in den Extremitäten sowie Sprech- oder Sprachschwierigkeiten. Jedes dieser Symptome dauert in der Regel 20 bis 60 Minuten.

Bei den meisten Migränikern kommt es nicht zu einer Aura, doch es gibt keine Garantie, dass Patienten mit Aura den Ausbruch starker Kopfschmerzen aufschieben oder verhindern können, wenn die Aura beginnt. Oftmals sind Auren lediglich eine Warnung, dass die Person sich bald in einen dunklen, ruhigen Raum zurückziehen sollte.

Attacke

Die Migräne selbst findet während der eigentlichen *Attacke* in der Kopfschmerzphase statt, dem heftigsten Stadium. Üblicherweise dauert eine Migräne 4 bis 72 Stunden, wenn sie nicht behandelt wird. Nicht jeder Patient leidet unter Kopfschmerzen, doch falls ja, wird der Schmerz auf beiden Seiten des Kopfes oder – was üblicher ist – nur auf einer Seite wahrgenommen und kann auch die Seiten wechseln. Die Schmerzen können pulsierend oder pochend sein. Es ist möglich, dass sie Übelkeit und/oder Erbrechen auslösen, und dies steht in einer engen Verbindung zu einer extremen Empfindlichkeit gegenüber Licht, Geräuschen und Gerüchen. Eventuell sieht der Patient verschwommen (das kann auch während des Aurastadiums der Fall sein) oder fühlt sich benommen, was bis zu einem Ohnmachtsanfall führen kann.

Möglicherweise kommt es während der Attackenphase nicht zu Kopfschmerzen, sondern stattdessen zu Übelkeit, Schwindel, Schmerzen und Druck auf den Ohren, verstopften Nebenhöhlen oder einem Druckgefühl in diesem Bereich, oder auch zu Unruhe, Krampfanfällen, einem Reizdarm oder Blasenschmerzen. Solche Vorkommnisse gelten als Migräne, auch wenn keine Kopfschmerzen auftreten.

Rückbildungsphase

Die *Rückbildungsphase* ist das letzte Stadium der Migräne, in dem der Patient Stimmungs- und Gefühlsschwankungen wahrnimmt. Diese Phase geht oft mit einer Katerstimmung einher. Die meisten Menschen fühlen sich dann müde und benommen, doch es gibt auch Migräniker, die von einer euphorischen Stimmung berichten.

WIE DIE MIGRÄNE ENTSTEHT

Obwohl sie so häufig vorkommt, gehört Migräne nach wie vor zu den Krankheiten, über die wir am wenigsten wissen. Die meisten Menschen vermuten, dass zu einer Migräne Kopfschmerzen gehören, doch inzwischen ist bekannt, dass dies nicht notwendigerweise der Fall sein muss. Ein eindeutiger Auslöser wurde noch nicht entdeckt, hauptsächlich weil die Betroffenen sehr häufig äußerst unterschiedliche Angaben über die Gründe und Symptome machen. Lange Zeit ging man davon aus, dass eine Migräne durch Probleme mit den Blutgefäßen im Gehirn ausgelöst wird; doch heute weiß man, dass es sich vielmehr um eine Erkrankung des zentralen Nervensystems handelt.

Die genaue Abfolge der physikalischen und chemischen Vorgänge im Gehirn im Vorfeld einer Migräne ist nicht bekannt, aber es hat den Anschein, als werde Migräne manchmal durch Veränderungen im Stammhirn sowie durch dessen Interaktionen mit dem größten Hirnnerv und seiner wichtigsten Schmerzleitungsbahn verursacht, dem Trigeminus. In manchen Fällen wird sie vermutlich auch durch ein Ungleichgewicht der Chemikalien im Gehirn ausgelöst – insbesondere Serotonin, das bei der Schmerzverarbeitung eine Rolle spielt und bei der Kontrolle über Stimmungen, Schlaf und Appetit. Der Serotoninspiegel sinkt während eines Migräneanfalls, was dazu führen kann, dass der Trigeminus Neuropeptide freisetzt – das sind die Moleküle, mit deren Hilfe die Neutronen miteinander kommunizieren. Diese Neuropeptide wandern dann zu den Hirnhäuten – der Schutzmembran, die das Gehirn umgibt – und lösen infolgedessen Kopfschmerzen aus.

Innerhalb von ungefähr zehn Minuten werden die Nerven in diesem Netzwerk, die Schmerz wahrnehmen, überempfindlich gegenüber Druck. Sie sind so empfindlich, dass sie durch das natürliche Ansteigen und Absinken des Blutdrucks während jedes Herzschlags beeinträchtigt werden, sodass das Gefühl eines pulsierenden Schmerzes im Kopf entsteht. Neben diesen Veränderungen scheint ein unbekannter Faktor zu einer Erweiterung der Blutgefäße beizutragen, die wiederum eine abnormale Aktivität an der Oberfläche des Gehirns auslöst.

> ***„Ich habe eine lange Migräne-Geschichte. Schon früh identifizierte ich Trigger wie Passivrauchen; dann später Alkohol, Koffein, Stress, plötzliche Veränderungen des Luftdrucks und hormonelle Schwankungen. In den letzten zwei Jahren habe ich bemerkenswerte Ergebnisse erzielt, indem ich Zucker, Milchprodukte und Gluten meide und hauptsächlich Lebensmittel in Bio-Qualität esse. Es war ein langer Weg, doch ich bin dankbar, meine Krankheit nun besser zu verstehen und kontrollieren zu können.“***
>
> – Lori, Krankenschwester, 54 Jahre

Über die Bandbreite der Migräne

Da eine Migräne mehr ist als nur Kopfschmerzen, wie die meisten Menschen denken, und die Symptome individuell sehr unterschiedlich sind, ist es schwierig, genau festzulegen, was keine Migräne ist. Abgesehen davon glauben viele Menschen fälschlicherweise, eine Migräne sei einfach ein wiederkehrender, fieser Kopfschmerz, der mit ein paar Schmerzmitteln in den Griff zu bekommen ist. Doch tatsächlich handelt es sich bei den meisten Kopfschmerzen nicht um Migränen. Wie bereits erläutert, ist eine Migräne eine ernst zu nehmende, belastende Krankheit mit einer eindeutigen Liste von Symptomen, die nicht als Begleiterscheinung gewöhnlicher Kopfschmerzen auftreten. Und schließlich treten bei vielen Migränikern noch nicht einmal heftige Kopfschmerzen auf.

Regelmäßige Kopfschmerzen können mit Standardmedizin oder Bettruhe erfolgreich behandelt werden und halten normalerweise nicht länger als einen Tag an. Es gibt verschiedene Arten von Kopfschmerzen, doch sie sind nicht so schwerwiegend wie ein Migräneanfall, da sie im Allgemeinen die Produktivität und Lebensqualität nicht beeinträchtigen. Andere Kopfschmerzen können wie eine Migräne wirken, auch wenn es sich in Wirklichkeit um einen Spannungskopfschmerz oder Cluster-Kopfschmerzen handelt. Immer häufiger gelangen Ärzte jedoch zu der Überzeugung, dass es sich bei diesen beiden Leiden um Extreme innerhalb des Migräne-Spektrums handelt; was diese Formen von der vermeintlich „echten" Migräne unterscheidet, ist die Tatsache, dass sie sich üblicherweise nicht durch Veränderungen der Ernährungsweise beeinflussen lassen.

Spannungskopfschmerzen

Spannungskopfschmerzen sind die am weitesten verbreitete Kopfschmerzart: Schätzungen zufolge leiden 80 bis 90 Prozent der Bevölkerung mindestens einmal in ihrem Leben darunter (American Headache Society). Typisch für Spannungskopfschmerzen ist ein dumpfer Schmerz, der durch Muskelverspannung, Koffeinentzug, Schlafmangel oder Dehydrierung ausgelöst wird. Üblicherweise treten sie überall im Kopf auf, im Stirnbereich oder an der Schädelbasis, und werden als leicht bis moderat eingestuft. Diese wiederkehrenden Kopfschmerzen können von einigen Minuten bis zu ein paar Tagen dauern.

Cluster-Kopfschmerzen

Cluster-Kopfschmerzen zeichnen sich gewöhnlich durch einen plötzlichen und heftigen Schmerz hinter oder rund um die Augen aus, der in der Regel innerhalb von zehn Minuten seine größte Intensität erreicht, aber auch bis zu drei Stunden anhalten kann. Begleitend können andere Symptome auftreten wie tränende Augen, verstopfte Nase und Schwellungen neben dem vom Schmerz betroffenen Auge.

Der Hauptunterschied zwischen diesen Kopfschmerzarten und einer Migräne besteht darin, dass man sie im Allgemeinen durch frei verkäufliche Schmerzmittel lindern kann. Außerdem treten keine der mit einer Migräne einhergehenden Symptome – wie Aura, Übelkeit und sensorische Empfindlichkeit – bei diesen anderen Kopfschmerzarten auf.

Trigger und Schwellen

Es gibt zwei wichtige Faktoren, die zu Beginn einer Migräne betrachtet werden müssen: Trigger und Schwellen. Ein *Trigger* ist ein externer Reiz oder physikalischer Akt, der die Empfindlichkeit der Sinnesorgane steigert und einen Migräneanfall auslösen kann. Einige dieser „externen" Sensoren betreffen die Riech-, Hör- oder Sehnerven, was die potenzielle Empfindlichkeit des Migränikers gegenüber Geruch, Lärm beziehungsweise Licht erklärt. Man vermutet, dass sich die „internen" Sensoren im Stammhirn befinden: Sie reagieren auf Müdigkeit, Stress, Hormone und Luftdruck.

Es hat sich gezeigt, dass beim Gehirn eines Migränepatienten die Fähigkeit unterentwickelt ist, sich an starke Sinnesreize anzupassen. Deshalb lösen diese Trigger nicht bei allen Menschen negative Reaktionen aus. Aufgrund der mit einer Migräne einhergehenden chemischen Veränderungen im Körper führen die Auslöser nicht immer zu einer Migräne. An dieser Stelle kommt die Vorstellung einer Migräne-*Schwelle* ins Spiel.

Diese Schwelle wird durch die genetische Veranlagung bestimmt und durch interne und externe Faktoren individuell angehoben oder gesenkt. Wenn sich eine ausreichende Anzahl verschiedener interner und externer Trigger aufgebaut hat, kann die Schwelle eines Migränikers überschritten werden, sodass ein Migräneanfall ausgelöst wird.

Trigger

Nachfolgend sind Faktoren aufgelistet, die häufig zu einer Migräne beitragen. Denken Sie daran, dass das Auftreten eines einzigen dieser Faktoren nicht immer ausreicht, um eine Attacke auszulösen.

Alkohol Alkohol kann zwei verschieden Migränearten auslösen. Die erste tritt auf, wenn Sie eher einen sofortigen Anfall erleben, der wenige Stunden nach dem Trinken

„Ab dem Alter von acht Jahren hatte ich immer wieder Migränephasen, bis ich Ende 20 war und die Krankheit chronisch wurde. Ich lebe noch immer mit diesem Leiden. Vor vier Jahren hörte ich auf, die verschriebenen Medikamente einzunehmen, da sie allerlei Nebenwirkungen hatten und nicht besonders wirksam waren. Es gelingt mir, meine Schmerzen mithilfe eines Neurostimulators, mit Botox-Spritzen und natürlichen Methoden zur Schmerzlinderung im Griff zu haben. Inzwischen meide ich meine persönlichen Nahrungsmitteltrigger (unter anderem Alkohol, Erdnüsse und Popcorn) und verzichte in meiner Ernährung auf Milchprodukte, Soja, Gluten und verarbeitete Lebensmittel."

– Valerie, 37 Jahre, Virginia, USA

beginnt. Die zweite Art ist ein verzögerter Kater-Kopfschmerz: Nach einer Nacht mit einer Menge Alkohol entwickeln viele Menschen Kopfschmerzen, doch bei Migränikern ist der Schmerz heftiger. Für jene, bei denen Alkohol als Trigger wirkt, reicht eine winzige Menge, um einen Anfall auszulösen – also ist Abstinenz die beste Lösung.

Helles Licht Viele Menschen werden durch helles Licht beeinträchtigt, beispielsweise durch Neonlicht, Stroboskope oder gleißende Sonne.

Koffein Stark koffeinhaltige Getränke sind eng mit Migräneattacken verbunden. Die meisten Menschen haben schon einmal gehört, dass es bei ganz normalen Personen, die einen Koffeinentzug machen, zu fürchterlichen Kopfschmerzen kommen kann, da Koffein süchtig macht. Wie Sie sich vorstellen können, sind diese Kopfschmerzen bei Migränikern unter Umständen wesentlich schlimmer.

In manchen Fällen kann Koffein strategisch eingesetzt werden, um eine nahende Migräne während der Vorboten- oder Auraphase zu verhindern. Viele schmerzlindernde Medikamente enthalten Koffein, und sogar ein starker Espresso kann helfen. Das liegt daran, dass Koffein zu einer Verengung der Blutgefäße im Kopf führt, welche der Erweiterung entgegenwirkt, die normalerweise eine Migräne auslöst. Darüber hinaus verbessert es die Absorption anderer Medikamente.

Als ich unter regelmäßigen Attacken litt, konnte ich einen Anfall verhindern, indem ich Kaffee trank, wenn ich die Hinweise auf eine nahende Migräne früh genug erkannte. Das funktionierte gut, weil ich ansonsten nie Kaffee zu mir nahm.

Computerbildschirme Für Migränepatienten kann es problematisch sein, lange Zeit am Computer zu verbringen – zum einen wegen der Belastung der Augen und zum anderen aufgrund der dadurch entstehenden muskulären Verspannungen im Schulter- und Nackenbereich.

Dehydrierung Selbst eine leichte Dehydrierung kann Migränen auslösen. Deshalb ist es wichtig, dass Sie darauf achten, mindestens acht Gläser Wasser pro Tag zu trinken. Koffein und Alkohol haben eine dehydrierende Wirkung: Aus diesem Grund sollten Sie umso vorsichtiger im Umgang damit sein.

Wetterextreme Es wird vermutet, dass große Hitze und andere extreme Witterungsbedingungen sowie Veränderungen des Luftdrucks eine Migräne verursachen können. Man kann nicht viel tun, um diese Trigger zu meiden, doch bestimmte präventive Maßnahmen können helfen, Ihre Sensitivität gegenüber diesen Faktoren zu reduzieren.

Nahrung Dieser Punkt wird ausführlicher im zweiten Teil dieses Buches behandelt. Es ist hinlänglich erwiesen, dass salzige und industriell verarbeitete Lebensmittel, alter Käse und andere Milchprodukte, fermentierte und eingelegte Nahrung sowie Lebensmittel mit dem Zusatzstoff Tyramin (in Sojaprodukten, dicken Bohnen, Wurst und Räucherfisch enthalten) häufig Migräne auslösen. Darüber hinaus wird auch beim Süßstoff Aspartam und beim Konservierungsmittel Glutamat vermutet, dass sie als Trigger wirken. Selbst einige Obst- und Gemüsesorten sind bekanntermaßen Migräneauslöser.

Hohes Stressniveau Eine plötzliche Zunahme des Stresses zu Hause oder in der Arbeit verändert die Chemikalien in Ihrem Körper und erhöht die Muskelspannung – beides führt häufig zu Migräne. Interessanterweise gilt auch das Gegenteil: Eine plötzliche Stressreduzierung kann ebenfalls einen Anfall auslösen. Es ist zum Beispiel nicht ungewöhnlich, dass eine Migräne am Wochenende oder in den Ferien zuschlägt.

Hormonelle Schwankungen Häufig gibt es bei Frauen eine enge Verbindung zwischen den Östrogenschwankungen im Rahmen eines normalen Menstruationszyklus und den Migränemustern. Frauen mit einer familiären Belastung berichten üblicherweise von Attacken vor oder während ihrer Periode, wenn es zu einem starken Absinken des Östrogens kommt. Bei vielen Frauen begann das Leiden in der Pubertät, zur Zeit ihrer ersten Monatsblutung („The Migraine Trust" 2015).

Migränikerinnen geben oft an, dass die Attacken während einer Schwangerschaft und in den Wechseljahren intensiver sind. Außerdem können Frauen, die zuvor keine Migränen hatten, in diesen beiden Phasen großer hormoneller Veränderung plötzlich Anfälle bekommen.

Mahlzeiten auslassen Der Verzicht auf einzelne Mahlzeiten und das Fasten führen zu einem Absinken des Blutzuckerspiegels, der Migräne auslösen kann. Auch der häufige Verzehr zuckeriger Snacks anstelle einer richtigen Mahlzeit führt zu einem Auf und Ab des Blutzuckerspiegels.

Schlaf Es gibt eine starke Korrelation zwischen Schlaf und Migräne. Es mag offensichtlich sein, dass Schlafmangel ein Trigger für Migräne sein kann, doch auch zu viel Schlaf ist unter Umständen problematisch. Ein neuer Schlafrhythmus und Jetlags können ebenfalls Migränen auslösen. Migräniker berichten häufig von Einschlafproblemen und wachen oft mit dem Gefühl auf, müde zu sein.

Ungewohnte Gerüche Zu den häufigsten Gerüchen, von denen man annimmt, dass sie eine Migräne auslösen können, zählen Parfüm, Passivrauchen, Lufterfrischer und Verdünnungsmittel.

Schwelle

Wie bereits erwähnt, kann eine Kombination der oben aufgeführten Trigger dazu führen, dass Ihre Schwelle überschritten wird und eine Migräne beginnt. Das erklärt, warum bestimmte Auslöser allein oder in verschiedenen Kombinationen nicht immer eine Migräne verursachen. So können beispielsweise die drei schlimmsten Trigger für Sie Rotwein, helles Sonnenlicht und Schlafmangel sein, doch ein einzelner dieser Trigger reicht unter Umständen nicht aus, um eine Migräne zu provozieren. Wenn jedoch alle drei zusammen auftreten, wird Ihre Schwelle mit einer größeren Wahrscheinlichkeit überschritten.

Wenn Sie wissen, welche Trigger für Sie am problematischsten sind, können Sie besser vermeiden, dass Ihre individuelle Schwelle überschritten wird, und dadurch die Häufigkeit Ihrer Migräneattacken reduzieren. Es ist wichtig, im Kopf zu behalten, dass eine persönliche Schwelle von Tag zu Tag und von Umgebung zu Umgebung unterschiedlich sein kann und dass Sie an manchen Tagen auf bestimmte Auslöser empfindlicher reagieren als an anderen.

Gängige medizinische Behandlungen bei Migräne

Wenn diagnostiziert wurde, dass Sie unter Migräne leiden, wird Ihr Arzt üblicherweise Medikamente verschreiben, die auf die Intensität Ihrer Symptome und auf mögliche andere Erkrankungen abgestimmt sind. Rezeptfrei erhältliche Arzneimittel werden dabei selten Linderung verschaffen.

Natürlich gibt es stets Risiken, wenn man sich auf Medikamente verlässt. Darüber hinaus kann die Einnahme eines dieser Präparate an mehr als zehn Tagen innerhalb eines Zeitraums von 30 Tagen in drei aufeinanderfolgenden Monaten Kopfschmerzen infolge des übermäßigen Gebrauchs verursachen.

Medikamente, die Migränepatienten verschrieben werden, lassen sich in zwei Kategorien aufteilen: *Schmerzmittel* werden während einer Attacke eingenommen – idealerweise im Laufe der Vorboten- oder Auraphase – und sollen verhindern, dass die Symptome sich weiter verschlechtern. *Prophylaxe-Medikamente* hingegen werden regelmäßig, in der Regel täglich, eingenommen, um die Intensität und/oder Häufigkeit von Migräneanfällen zu reduzieren.

Schmerzmittel

Zu den schmerzlindernden Medikamenten zählen Aspirin und nichtsteroidale Antirheumatika (NSAR) wie Ibuprofen. Das am weitesten verbreitete Migräneschmerzmittel ist *Triptan*, wobei Sumatriptan fast die Hälfte der Verschreibungen ausmacht. Die Wirkung der Triptane besteht in einer Verengung der Blutgefäße im Gehirn und einer gleichzeitigen Blockierung der Schmerzleitungen. Auf diese Weise wird der Erweiterung der Blutgefäße entgegengewirkt, von der man annimmt, dass sie zur Entstehung von Migränen beiträgt.

Ergotamin Ergotamin ist ein Arzneistoff, der zum Beispiel in den Präparaten Migranal oder Cafergot Verwendung findet, die auch Koffein enthalten. (Koffein ist wie gesagt eigentlich ein gängiger Trigger, kann jedoch bei strategischer Verwendung auch präventiv eingesetzt werden.) Diese Präparate werden manchmal verschrieben, um die Migräne auslösende Erweiterung der Blutgefäße zu verhindern. Besonders wirkungsvoll sind sie bei Migränikern, deren Schmerzen in der Regel länger als 48 Stunden anhalten. Es hat sich gezeigt, dass Ergotamin im direkten Vergleich weniger effektiv ist als Triptan und meist nur wirkt, wenn es in einem frühen Migränestadium eingenommen wird. Häufig verschlimmern Ergotamine mit Migräne einhergehende Übelkeit und Erbrechen und sind aufgrund des hohen Vergiftungsrisikos gefährlich, da als Nebenwirkungen Gangrän, Sehstörungen, Bewusstlosigkeit bis hin zum Tod aufgeführt werden.

Opioide Patienten, die keine Triptane oder Ergotamine einnehmen können, werden manchmal Opioide verschrieben, die Betäubungsmittel – im Allgemeinen Codein – enthalten. Opioide machen stark abhängig und verursachen Benommenheit, Verstopfung, Schlafapnoe sowie Herz- und Lungenprobleme. Normalerweise werden sie nur als letzter Ausweg eingesetzt.

Prophylaxe

Medikamente zur *Prophylaxe* werden in der Regel jenen Patienten verschrieben, die zwei oder mehr Migränen pro Monat haben, die auf Schmerzmittel generell nicht ansprechen und deren Anfälle länger als zwölf Stunden anhalten. Diese Medikamente helfen nicht nur, eine Migräne abzuwenden, sondern sorgen auch dafür, dass der Körper besser auf Schmerzmittel reagiert.

Ärzte verschreiben entweder eine tägliche Medikation oder etwas, das nur eingenommen werden muss, wenn ein vorhersehbarer Trigger wie die Menstruation bevorsteht. Diese Prophylaxe-Medikamente (Antidepressiva, Antikonvulsiva und Herz-Kreislauf-Mittel) sind unter Umständen gefährlicher als Schmerzmittel, da sie eine Reihe ernst zu nehmender Nebenwirkungen haben.

Antidepressiva Einige *Antidepressiva* können helfen, Migränen zu verhindern, indem sie das Niveau des Serotonins und anderer Chemikalien im Gehirn verändern. Doch häufig verursachen sie auch Mundtrockenheit, Verstopfung und eine Gewichtszunahme.

Antikonvulsiva Migränepatienten bekommen auch oft *Antikonvulsiva* verschrieben, die allerdings Übelkeit, Durchfall, Tremor, Gewichtszunahme, Haarausfall und Benommenheit auslösen können.

Botox Für chronische Migräniker, die eine traditionelle Migränemedikation nicht gut vertragen, gibt es eine Alternative. *Botox*, auch Botulinumtoxin oder Botulinum-Neurotoxin genannt, ist für das Glätten von Falten bekannt, kann aber bei Erwachsenen auch zur Behandlung chronischer

DAS SEROTONINSYNDROM

Viele der Medikamente, die bei Migräne verschrieben werden, erhöhen die Serotoninmenge im Gehirn. Infolgedessen steigt das Risiko, dass Sie eine seltene, aber lebensgefährliche Krankheit entwickeln: das Serotoninsyndrom. Der Patient ist dann anfällig für Halluzinationen, Übelkeit, Erbrechen, Durchfall und einen Pulsanstieg.

Das Serotoninsyndrom kann durch die Einnahme von Triptanen und Antidepressiva aus der Gruppe der *Serotonin-Wiederaufnahmehemmer (SSRI)* oder der *Serotonin-Noradrenalin-Wiederaufnahmehemmer (SNRI)* verursacht werden. Zu den gängigen SSRI zählen die Wirkstoffe Sertralin (Zoloft), Fluoxetin (Sarafem, Prozac) und Paroxetin (Paxil), während zu den SNRI Duloxetin (Cymbalta) und Venlafaxin (Efexor) gehören.

Migräne eingesetzt werden. 2010 hat die US-amerikanische Arzneimittelzulassungsbehörde dieses Medikament als Behandlungsoption für Patienten genehmigt, die an 15 oder mehr Tagen pro Monat unter Migräne leiden. Allerdings geht man davon aus, dass Botox bei Menschen, deren Migräne nicht chronisch ist, keinen Nutzen bringt.

Wird Botox als Behandlungsoption eingesetzt, erhält man alle zwölf Wochen mehrere Spritzen in die Stirn und den Nacken. Diese helfen, zukünftige Symptome, die zum Kopfschmerzbereich der Migräne zählen, zu verhindern oder zu lindern. Es kann bis zu zwei Wochen dauern, bis irgendeine Besserung spürbar ist, und bei manchen Patienten sind mehrere Behandlungen erforderlich, bevor es zu einer Linderung kommt.

Bei Botox besteht das größte Risiko in Nackenschmerzen und weiteren Kopfschmerzen, in seltenen Fällen kommt es auch zu Muskelschwäche und Sehstörungen.

Herz-Kreislauf-Medikamente *Herz-Kreislauf-Medikamente* wie Betablocker und Kalziumantagonisten können bei der Verhinderung von Migräne und der Linderung der Symptome während Attacken sehr effektiv sein. Allerdings verursachen sie häufig Müdigkeit, Verdauungsprobleme, Benommenheit und Kurzatmigkeit.

MIGRÄNETAGEBUCH

Um herauszufinden, welche der oben erwähnten Trigger Sie beeinflussen, sollten Sie in einem Tagebuch Ihre Anfälle dokumentieren. Mithilfe der folgenden Vorlage werden Sie in der Lage sein, bei den Faktoren, die während Ihrer Attacken zusammenkommen, etwaige Muster zu erkennen. Dieses Tagebuch steht auch im Internet zum Runterladen unter callistomedia.com/migrainereliefdiet zur Verfügung.

Datum und Wochentag:

....

Um welche Uhrzeit hat die Migräne begonnen?

....

Wie lang hat die Migräne angehalten?

....

Haben Sie etwas zur Behandlung getan? Was hat funktioniert?

....

Was haben Sie vor der Attacke getan?

....

Wie viele Stunden haben Sie in der letzten Nacht geschlafen?

....

Was haben Sie in den 24 Stunden vor dem Anfall gegessen?

....

Welche Medikamente haben Sie in dieser Zeit genommen?

....

Gab es in letzter Zeit größere Veränderungen Ihres Lebensstils oder Belastungen?

....

Kapitel 2

Ein ganzheitlicher Ansatz

Sie können verschiedene Strategien in Kombination mit medizinischen Methoden nutzen, um Migräne zu lindern. Medikamente können zwar helfen, Migräneanfälle zu verhindern oder die damit einhergehenden Schmerzen zu verringern, doch Sie müssen Ihren Körper als Ganzes betrachten. Der menschliche Körper ist so gestaltet, dass er Krankheiten und Infektionen ohne die Hilfe von Arzneien abwehren kann. Erkrankungen können mithilfe Ihrer Ernährung und einer liebevollen, achtsamen Behandlung Ihres Körpers durch Aktivitäten, die eine optimale Gesundheit fördern, geheilt werden.

Bei der Senkung des Risikos von Migräneanfällen geht es nicht nur um die Vermeidung von Triggern, sondern auch darum, Aktivitäten nachzugehen, welche die Gesundheit unterstützen, wie beispielsweise Sport, Yoga und Meditation. Als Teil Ihres ganzheitlichen Ansatzes zur Behandlung Ihrer Migräne möchten Sie eventuell auch alternative Methoden einbeziehen wie zum Beispiel Akupunktur, Aromatherapie, Biofeedback, kognitive Verhaltenstherapie und Massagetherapie.

Die folgenden Strategien werden Ihnen entweder helfen, die Anzahl Ihrer Migräneattacken pro Monat zu reduzieren oder sie in der Vorboten- beziehungsweise Auraphase zu lindern.

Trigger meiden

Obwohl zahlreiche medizinische Behandlungsmethoden für Migräne existieren, wären wir in einer idealen Welt in der Lage, Migräneattacken schon vor ihrem Entstehen zu verhindern, indem wir die Trigger erkennen und von uns fernhalten. Das Beste, was Sie tun können, um die Auftretenshäufigkeit von Migräneanfällen zu reduzieren, ist das Meiden von so vielen Ihrer persönlichen Auslöser wie möglich, damit Ihre Migräneschwelle nicht erreicht wird.

Leider ist es nicht so einfach, dass Sie sich nur von den gewöhnlichen Triggern fernhalten müssen und dann nie wieder Migräne haben werden. Dieses Leiden ist deutlich komplizierter, doch die Vermeidung von Triggern kann natürlich die Anzahl Ihrer Migräneanfälle reduzieren. Nutzen Sie das Migränetagebuch aus Kapitel 1, um etwaige gängige Vorboten für Ihre Migräne zu erkennen. Vielleicht leiden Sie immer nach einer langen Fahrt in einem heißen Auto unter Migräne, nachdem Sie sonntags ausgeschlafen oder ein bestimmtes Nahrungsmittel zu sich genommen haben.

Manche Trigger wie helles Sonnenlicht oder einen stressigen neuen Job kann man nicht vermeiden: Sie müssen mit ihnen umgehen, wenn sie auftreten. Andere Auslöser jedoch können sehr gut kontrolliert werden. Um Speisen und Getränke, die Trigger sein können, geht es im zweiten Teil dieses Buches – hier konzentrieren wir uns auf die kontrollierbaren Umweltfaktoren.

Computer

Die meisten Menschen können Computer nicht meiden, doch es gibt Dinge, die Sie tun können, um das Risiko einer damit einhergehenden Attacke zu verringern. Achten Sie stets auf eine gute Haltung und machen Sie regelmäßig Pausen, um aufzustehen und sich vom Bildschirm fortzubewegen. Nutzen Sie einen nicht blendenden Bildschirm und arbeiten Sie in einem Raum mit natürlichem Licht, wenn möglich. Ein Stehpult ist eine weitere Option, die eventuell hilfreich für Sie sein kann.

Östrogen

Wie bereits erwähnt, sind die Auswirkungen hormoneller Verhütungsmittel und anderer Medikamente, die Östrogen enthalten, von Fall zu Fall unterschiedlich. Wenn Sie befürchten, dass Ihre Medikamente die Migräne verschlimmern, sollten Sie versuchen, eine Alternative zu finden. Darüber hinaus sollten Sie immer Ihren Arzt informieren, dass Sie unter Migräne leiden, bevor Sie solche Medikamente einnehmen.

Licht, Gerüche und Lärm

Falls Sie Probleme mit hellem Licht haben, tragen Sie eine Sonnenbrille und einen Hut, wann immer es möglich ist. Ihr Arbeitgeber ist gesetzlich verpflichtet, die Beleuchtung zu verändern, wenn diese Sie einschränkt – Sie müssen also nicht den ganzen Tag lang unter Leuchtstoffröhren leiden. Auch wenn eine Ihrer Kolleginnen eine penetrante Menge eines Parfüms oder Kölnischwassers trägt, steht das Gesetz auf Ihrer Seite. Halten Sie sich in einer lauten Umgebung auf und können nicht viel dagegen tun, sollten Sie versuchen, Ohrstöpsel zu tragen oder beruhigende Musik zu hören.

Schlaf

Sieben bis acht Stunden Schlaf pro Tag wären gut; und versuchen Sie, jeden Tag zur selben Zeit ins Bett zu gehen und aufzustehen. Es mag sehr verführerisch sein, an Wochenenden lang zu schlafen, aber denken Sie daran, dass auch zu viel Schlaf Migräne auslösen kann.

Stressniveau

Versuchen Sie aktiv, Ihr Stressniveau zu reduzieren. Meiden Sie stressige Situationen, wann immer es möglich ist, und schränken Sie die Anzahl an Überstunden auf der Arbeit ein. Integrieren Sie Techniken wie Meditation und Yoga in Ihren Alltag, und probieren Sie einfache Entspannungsmethoden aus wie Musikhören, Lesen oder ein heißes Bad.

Werden Sie körperlich aktiv

Während manche Menschen sich während eines Migräneanfalls kaum bewegen können, finden andere, dass sanfte Bewegung in der Vorboten- oder Auraphase helfen kann, eine Migräne aufzuschieben oder sogar zu verhindern, dass sie weiter fortschreitet. Plötzliche Bewegungen und intensiver Sport wie Gewichtheben oder Sprinten können Kopfschmerzen jedoch verschlimmern, sodass sie am besten gemieden werden sollten.

Ausdauertraining

Regelmäßiges Ausdauertraining baut Spannungen ab und trägt dazu bei, Migräneattacken abzuwenden. Es hat nicht nur einen therapeutischen Nutzen, sondern baut auch Stress ab und verbessert die Schlafqualität – beeinflusst also zwei weitere große Migränetrigger. Bewegung regt die Ausschüttung schmerzlindernder Chemikalien an, die als Endorphine bekannt sind, sowie des natürlichen Antidepressivums Enkephalin.

Zu den sicheren Formen des Ausdauertrainings zählen Walken, Joggen, Schwimmen, Tanzen und Radfahren. Es ist wichtig, sich vor diesen Aktivitäten gründlich aufzuwärmen, um keine plötzlichen und unerwarteten Sauerstoffanforderungen an Ihren Körper zu stellen, die häufig Migräne auslösen. Außerdem sollten Sie darauf achten, genug zu trinken und vor dem Training eine ordentliche Mahlzeit zu sich zu nehmen.

Versuchen Sie, sich fünf Mal pro Woche jeweils mindestens 30 Minuten zu bewegen. Nach sechs Wochen beurteilen Sie, ob es zu Verbesserungen Ihrer Migränesituation gekommen ist.

SEX UND ORGASMUS-KOPFSCHMERZEN

Wie viele von uns haben schon mal einen Satz gehört wie: „Heute Nacht nicht, Schatz, ich habe Kopfschmerzen.“? In der Tat kann Sex die Schmerzen einer Migräne verstärken oder sogar einen Anfall auslösen, doch in manchen Fällen kann er auch helfen, die Schmerzen zu lindern. Die Auswirkungen von Sex und Orgasmen sind individuell unterschiedlich und von den Umständen abhängig.

Manche Menschen glauben, dass Sex Kopfschmerzen auslösen kann, weil der Blutdruck steigt und die Blutgefäße im Gehirn sich weiten. Andere denken, dass Sex, insbesondere wenn er mit einem Orgasmus endet, Chemikalien wie Serotonin freisetzt, die eine Migräne mildern. Außerdem werden beim Sex Endorphine ausgeschüttet, ein natürliches, sofort wirksames Schmerzmittel. Wenn Sie herausfinden, dass ein Orgasmus Ihre Migräneschmerzen erleichtert, aber kein williger Partner verfügbar ist, erfüllt auch Selbstbefriedigung diesen Zweck!

Körperliche Aktivität kann bei einigen Menschen Migräne auslösen, und Sex gilt als eine aktive Betätigung. Beim Akt selbst entsteht Druck auf Rücken und Nacken, der zu einer Migräne führen kann. In der Regel sind durch Sex bedingte Migräneanfälle nicht vorhersehbar und treten nicht jedes Mal auf. Obwohl Frauen im Allgemeinen eher zu Migräne neigen, ist es der Internetseite Migraine.com zufolge bei Männern vier Mal wahrscheinlicher, dass sie während des Geschlechtsverkehrs eine Migräne entwickeln.

Am häufigsten wird durch Sex ein explosiver Schmerz ausgelöst, der mit dem Orgasmus beginnt und mit ähnlichen Symptomen verbunden ist wie eine Hirnblutung. Wenn ein solcher Kopfschmerz zum ersten Mal bei Ihnen auftritt, sollten Sie sofort einen Arzt aufsuchen, um die Möglichkeit auszuschließen, dass etwas Ernstes dahintersteckt.

Dehnen

Yoga ist hervorragend, um die allgemeine Gesundheit und das Wohlbefinden zu verbessern, doch möglicherweise haben Sie nicht die Zeit, einen normalen Kurs zu besuchen. Vielleicht wollen Sie auch keine anderen Dehnübungen machen als jene, von denen bekannt ist, dass sie zu einer Verbesserung der Migräne beitragen können.

Viele Menschen ziehen großen Nutzen aus fünf bis zehn Minuten Dehnung pro Tag, insbesondere des Nackens, der Schultern und der Rückenmuskulatur. Anspannungen in diesen Muskeln aufgrund von Stress oder einer schlechten Haltung lösen häufig Migräneattacken aus. Darüber hinaus spannen sich Ihre Muskeln meistens noch mehr an, während Sie Migräne haben, da Sie natürlich versuchen, Ihren Kopf so wenig wie möglich zu bewegen. Wenn Sie häufig Anfälle haben, kann es demzufolge zu einer Verkürzung, chronischen Ermüdung und Reizung der Muskeln im Schulter- und Nackenbereich kommen. Mein Massagetherapeut sagte mir, meine Nacken- und Schultermuskulatur sei in der Zeit meiner häufigsten Migräneanfälle ganz besonders verhärtet gewesen.

Tägliches Dehnen wird helfen, diese Auswirkungen rückgängig zu machen. Sie sollten Schultern und Kopf kreisen lassen, langsam den Kopf von einer Seite zur anderen drehen und Ihren Oberkörper nach links und rechts biegen.

Yoga

Wie bereits erwähnt, ist Yoga ein hervorragendes Hilfsmittel beim Umgang mit Stress. Es ist eine alte Methode, die durch eine Kombination aus Körperstellungen und Atemtechniken ein ganzheitliches Leben fördert. Yoga hilft, Stress und Anspannungen im Körper abzubauen, und verbessert die Durchblutung. Im Gegensatz zum Ausdauersport ist Yoga sehr sanft, sodass die Wahrscheinlichkeit äußerst gering ist, dadurch einen Migräneanfall auszulösen.

Vorwärtsbeugen wie die Stellung des Kindes und der nach unten schauende Hund sind besonders hilfreich für Migräniker, da sie die Blutversorgung des Gehirns verbessern. Beim Yoga lernen Sie, wie Sie langsam und tief atmen, was für die Entspannung ebenfalls förderlich ist.

Zur Ausübung von Yoga brauchen Sie keine Ausrüstung, und es kann entweder in Kursen oder mithilfe von Büchern und Videos zu Hause erlernt werden. Meiden Sie Kursangebote in stark geheizten Räumen und probieren Sie es stattdessen mit einfachem Ashtanga- oder Hatha-Yoga.

Viele Migränepatienten berichten über eine Verbesserung ihres Leidens schon nach einer Yogastunde pro Woche.

Naturheilverfahren

Häufig wird berichtet, dass alternative Verfahren wie Akupunktur, Aromatherapie, Biofeedback, kognitive Verhaltenstherapie und Massagetherapie bei Migränepatienten größere Verbesserungen erzielen als eine übliche Medikation. Viele Migräniker bevorzugen außerdem eine natürlichere

Behandlungsmethode, statt sich auf künstlich erzeugte Chemikalien zu verlassen, zumal diese häufig Nebenwirkungen haben. Die meisten Naturheilverfahren bergen, wenn überhaupt, nur sehr geringe Risiken.

Selten schafft es eine einzige dieser natürlichen Methoden, sich auf die Häufigkeit oder Schwere Ihrer Migräneattacken auszuwirken. Deshalb nutzen Sie am besten eine Kombination verschiedener Verfahren. Achten Sie außerdem auf Ihre Trigger.

Akupunktur

Wenn Sie über alternative Behandlungsmethoden nachdenken, beginnen Sie am besten damit, sich ganz von der traditionellen westlichen Medizin wegzubewegen und stattdessen einen Blick auf die chinesische Praxis der Akupunktur zu werfen. Bei der *Akupunktur* werden an bestimmten Stellen feine Nadeln oberflächlich in den Körper gesteckt; es folgt eine sanfte manuelle oder elektrische Stimulation. Die Nadeln bleiben üblicherweise 20 bis 30 Minuten stecken. Das führt dazu, dass sich die Blutgefäße in diesem Bereich erweitern, sodass der Blutfluss gefördert wird. Außerdem sorgt Akupunktur für eine Entspannung des Nervensystems rund um die zentralen Schmerzleitungsbahnen und löst die Ausschüttung von Endorphinen aus. Man geht davon aus, dass diese beiden Effekte eine Heilungsreaktion bei Migränikern auslösen.

Schon seit Tausenden von Jahren wird die Akupunktur eingesetzt, um Migräne und Spannungskopfschmerzen zu behandeln. Diese Methode hat fast keine Nebenwirkungen.

Aromatherapie

Im Rahmen der *Aromatherapie* werden aus Pflanzen gewonnene ätherische Öle eingesetzt, um Kopfschmerzen zu lindern. Diese Methode kann von einem qualifizierten Aromatherapeuten oder von Ihnen selbst in den eigenen vier Wänden angewendet werden. Bestimmte Düfte wie Bergamotte, Kamille, Eukalyptus, Lavendel, Pfefferminze, Rosmarin und Sandelholz sollen besonders wirkungsvoll gegen Migräne sein. Sie können inhaliert oder als Öl auf die Stirn oder den Nacken aufgetragen werden.

Es gibt kaum wissenschaftliche Untersuchungen, welche die Wirksamkeit der Aromatherapie bestätigen würden. Doch sie ist äußerst sicher und wurde schon vor Tausenden von Jahren angewendet, um erfolgreich körperliche und psychische Leiden zu behandeln.

Mit Aromatherapie kann man zwar keine Migräne heilen, doch sie kann die Symptome lindern, insbesondere Übelkeit. Davon abgesehen, dass die Düfte selbst eine therapeutische Wirkung haben, können ätherische Öle auch direkt die Chemie des Körpers beeinflussen und die Schmerzwahrnehmung des Körpers beeinflussen.

Bei Personen, die während eines Migräneanfalls äußerst empfindlich auf Gerüche reagieren, funktioniert Aromatherapie möglicherweise nicht; doch viele empfindliche Menschen berichten, dass sie mit den meisten ätherischen Ölen keine Probleme haben. Es gibt sogar Migräniker, welche während der Belastung durch einen triggernden Geruch die Erfahrung gemacht haben, dass sie die Entstehung eines Migräneanfalls verhindern konnten, wenn sie schnell genug an ihr bevorzugtes ätherisches Öl herankamen. Eine positive Reaktion kann schon innerhalb weniger Minuten eintreten.

Bei manchen Menschen hilft die Anwendung von Druck, um Schmerzen zu lindern. Legen Sie sich bei einer Attacke in einem dunklen, ruhigen Raum hin und platzieren Sie ein kaltes, nasses Tuch auf die Stirn oder im Nacken. Pressen Sie Ihre Daumen fest auf die Nasenwurzel, direkt unterhalb Ihrer Stirn. Dann legen Sie je einen Daumen auf eine Augenbraue und üben Druck nach oben in Richtung Ihrer Stirn aus. Zum Abschluss pressen Sie Ihre Daumen oder die drei mittleren Finger fest auf Ihre Schläfen und führen mit den Fingern eine kleine Kreisbewegung aus. Halten Sie jeden Druckpunkt zehn Sekunden lang und wiederholen Sie den Ablauf, sofern erforderlich.

Biofeedback

Beim *Biofeedback* werden kleine Metallsensoren verwendet, die Veränderungen der Herzfrequenz, der Hauttemperatur, der Muskelspannung und der Gehirnwellen als Reaktion auf physikalische Veränderungen messen. So erhält man eine Rückmeldung, wie der Körper auf Schmerz reagiert; Sie können dann versuchen, diese Reaktionen zu kontrollieren, indem Sie Methoden zum Stressabbau erlernen.

Man sagt über Biofeedback gerne, dass damit das Gehirn über die Migräne triumphiere, da diese Methode darauf abzielt, Ihnen beizubringen, wie Sie sich entspannen und mithilfe Ihrer Gedanken die Kontrolle über Ihren körperlichen Zustand erlangen können. Das Ziel ist, dass Sie lernen, den Blutfluss zu Ihrem Gehirn zu beeinflussen und mit Ihren Attacken besser umzugehen. Mit Übung werden Sie in der Lage sein, diese Techniken auch ohne die Hilfe besonderer Geräte umzusetzen.

Diese Art von Therapie kann besonders effektiv Migräne vermeiden, bevor sie entsteht. Viele Migräniker berichten auch, dass die Anwendung derselben Techniken während eines Anfalls dessen Intensität und Dauer reduzieren kann.

Hinsichtlich der Reduzierung der Häufigkeit und Länge von Migräneattacken sind vielen Studien zufolge die Auswirkungen des Biofeedbacks denen zahlreicher traditioneller westlicher Medikamente ebenbürtig – und haben zudem deren Nebenwirkungen nicht. Ein Nachteil des Biofeedbacks besteht allerdings darin, dass diese Methode Zeit und Geld sowie ein wenig Mühe seitens des Patienten erfordert. Sitzungen dauern üblicherweise 30 bis 60 Minuten, und Sie benötigen zwischen 10 und 50 Sitzungen, um zu lernen, wie Sie die Reaktionen Ihres Körpers richtig kontrollieren können.

Chiropraktik

Unter *Chiropraktik* versteht man die Manipulation, Bewegung und das Dehnen der Wirbelsäule. Nachdem der Chiropraktiker die Wirbelsäule des Migränikers begutachtet hat, nutzt er seine Hände sowie Hilfsmittel wie Riemen und Stangen, um die Migränehäufigkeit zu senken. Man geht davon aus, dass eine chiropraktische Behandlung zusätzlich Stress abbaut, was wiederum zur Vermeidung von Migräneanfällen beiträgt. Außerdem informieren Chiropraktiker über eine korrekte Haltung und besondere Übungen, die zur Entspannung der Wirbelsäule beitragen können.

Es handelt sich um eine präventive Maßnahme, die einem Migräniker während eines Anfalls nicht helfen wird. Studien zum Beweis der Wirksamkeit dieser Behandlungsmethode stehen noch aus, doch es ist davon auszugehen, dass sie bei Patienten, die vor oder während einer Attacke Nackenschmerzen haben, äußerst effektiv ist. Im Gegensatz zu den meisten anderen Naturheilverfahren hat die Chiropraktik ein paar Nebenwirkungen wie beispielsweise Beschwerden während der Behandlung, stärkere Schmerzen oder Muskelkater, und nicht selten nehmen nach Beginn der Behandlung die Kopfschmerzen zunächst zu.

Kognitive Verhaltenstherapie

Die *kognitive Verhaltenstherapie* wird auch als Gesprächstherapie bezeichnet und basiert auf der Beziehung zwischen Geist und Körper. Dabei arbeiten Sie mit einem Psychologen, um Ihre Gedanken und Verhaltensweisen zu beeinflussen, was dazu beitragen soll, die Anzahl Ihrer Migräneattacken zu reduzieren.

Zur Behandlung können auch Entspannungstechniken und Stressmanagement gehören, Strategien im Umgang mit Migränetriggern und die Teilnahme an weiteren Aktivitäten, um das Wohlbefinden zu steigern und die Gedanken zu verändern und dadurch positiv auf Ihr Leiden einzuwirken.

Diese Art der Therapie ist besonders für Migräniker geeignet, die Schwierigkeiten haben, ihre Trigger und vor allem Stress in den Griff zu bekommen. Dabei geht es weniger darum, Stress zu vermeiden, sondern besser damit umzugehen. Theoretisch sollten Sie durch die Kontrolle Ihres Geistes in der Lage sein, auch Ihren Körper zu kontrollieren.

Massagetherapie

Massagen tragen zur Entspannung bei und lösen Muskelverspannungen. Sie können sich selbst massieren, einen Profi beauftragen oder einen Freund um eine Massage bitten. Es gibt nur wenige wissenschaftliche Belege für die Wirksamkeit von Massagen, doch viele Migräniker berichten über eine Verbesserung ihres Zustands, insbesondere wenn sie diese Methode mit anderen Behandlungsoptionen kombinieren.

Diese Art der Therapie stoppt im Allgemeinen keine Migräneanfälle, die bereits begonnen haben. Obwohl Massagen eine vorübergehende Linderung bieten können, gibt es auch Personen, die ihre stärksten Kopfschmerzen nach einer Massage erlebt haben. In jedem Fall ist es besser, Massagen als Prävention zu nutzen, um Stress abzubauen und die zukünftige Auftretenshäufigkeit der Migräneanfälle zu reduzieren.

Es gibt verschiedene Massagearten, die für Migränepatienten geeignet sind:

- Die *Cranio-Sacral-Therapie* umfasst eine Massage des Schädels und der Kopfhaut. Dadurch werden die Nerven beruhigt und Schmerzwellen abgemildert.
- Die *neuromuskuläre Massage*, auch Triggerpunkttherapie genannt, übt Druck auf bestimmte Punkte am Körper aus, um die Nervenkompression zu lindern und Spannungen abzubauen.
- Bei der *Akupressur* wird sanfter Fingerdruck auf verschiedene Punkte am Kopf ausgeübt.
- Die *Fußreflexzonenmassage* basiert auf der Massage bestimmter Punkte an den Fußsohlen, die bei unter Kopfschmerzen leidenden Migränikern Stress und Schmerzen lösen.
- Bei der *Tiefengewebsmassage* werden Druck, Bewegung und Dehnungen angewendet, um die Durchblutung zu verbessern und Muskelspannungen zu lösen, insbesondere in den Schultern und im Nacken.

Sie können eine Massagetherapie mit Aromatherapie kombinieren, indem Sie Lavendel- oder Pfefferminzöl zum Massieren verwenden.

Physiotherapie

Die *Physiotherapie* wird auch als Physikalische Therapie bezeichnet und ist vor allem für Migränepatienten wohltuend, die Nackenschmerzen haben. Sie soll Funktionsstörungen im Gewebe des Bewegungsapparats der oberen Halswirbelsäule behandeln, indem die Bewegungsfreiheit im Nacken verbessert und eine natürliche Körperhaltung wiederhergestellt wird. Eine Behandlung kann durch eine manuelle Therapie erfolgen, durch eine Haltungs- und Bewegungsschulung und durch ergonomische Korrekturen. Die Physiotherapie kann als präventive Methode vor dem Beginn einer Migräne eingesetzt werden, aber auch während der Anfangsphase einer Attacke.

Physiotherapie hat keine Nebenwirkungen – abgesehen von den Kopfschmerzen, die häufig zu Beginn der Behandlung auftreten; doch diese sind erforderlich, um herauszufinden, ob eine Migräne tatsächlich von einer Funktionsstörung der Wirbelsäule herrührt.

Vitamine und Ergänzungsmittel

Von den nachfolgend aufgelisteten Ergänzungsmitteln wird im Allgemeinen angenommen, dass sie die mit Migräne in Zusammenhang stehenden Symptome und Schmerzen lindern. Viele dieser pflanzlichen Heilmittel werden seit Tausenden von Jahren verwendet. Bevor Sie beginnen, ein Ergänzungsmittel einzunehmen, sollten Sie mit Ihrem Arzt sprechen, um sicherzustellen, dass es zu keinen negativen Wechselwirkungen mit Medikamenten kommt, die Sie einnehmen, und dafür zu sorgen, dass sie sich nicht nachteilig auf andere Beschwerden auswirken, unter denen Sie leiden.

Ergänzungsmittel	Eigenschaften	Wie es helfen kann
Coenzym Q-10	Bildet im Körper Adenosintriphosphat, das als wichtige Energiequelle innerhalb der Zellen und als Antioxidans dient.	Das Coenzym Q-10 ist eine bekannte Behandlungsweise bei Mitochondrienerkrankungen. Einige Studien haben gezeigt, dass geringe Energie im Gehirn bei der Entstehung von Migräne eine Rolle spielt, und das Coenzym Q-10 wirkt dem entgegen, indem es als wichtiger Cofaktor für die Enzyme dient, die für die Produktion von Adenosintriphosphat („Life enhancement", 2005) dient. Empfohlene Dosis für Migräniker: 200 mg drei Mal täglich.
Feverfew (Tanacetum Parthenium)	Entzündungshemmend (reduziert Entzündungen), fiebersenkend (beugt Fieber vor), krampflösend (lindert Muskelkrämpfe) und herzstärkend (steigert die Kontraktionskraft des Herzens)	Blockiert die Chemikalien im Körper, die Entzündungen auslösen und für die Erweiterung und Verengung der Blutgefäße verantwortlich sind, was beides zu Migräne führt („Migraine.com", 2010). Hilft, Schmerzen, Übelkeit und Lichtempfindlichkeit zu lindern, die während einer Migräne auftreten, und reduziert die Anzahl der Attacken („webMd", 2009). Empfohlene Dosis für Migräniker: 50 bis 100 mg täglich.
Magnesium	Entscheidend für zahlreiche physiologische Prozesse wie die Aufnahme von Kalzium und die Regulierung des Blutdrucks. Dient auch als Muskelrelaxans.	Migräniker weisen häufig einen niedrigen Magnesiumspiegel im Gehirn auf. Da dieser Mineralstoff für das ordnungsgemäße Funktionieren des Serotonins erforderlich ist, gibt es möglicherweise eine Verbindung zwischen Migräne und Magnesiummangel. Außerdem ziehen sich bei Personen mit einem niedrigen Magnesiumspiegel die Arterien häufig stärker zusammen. Darüber hinaus kann Magnesium auch helfen, Spannung im Nacken und in den Schultern zu lindern („Magnesium online resource Center", 2008). Eine Supplementierung kann insbesondere bei Frauen hilfreich sein, die unter menstruationsbedingter Migräne leiden. Empfohlene Dosis für Migräniker: variiert zwischen 200 und 600 mg täglich.
Riboflavin (Vitamin B2)	Verwandelt Nahrung in Energie und wirkt als Antioxidans, indem es freie Radikale entfernt.	Senkt die Migränehäufigkeit und -dauer aufgrund der positiven Auswirkungen, die es auf den Sauerstoffmetabolismus im Gehirn hat („The Migraine Trust", 2007). Übliche Dosis für Migräniker: 400 mg täglich.

Teil 2

Gegen Migräne vorgehen

Nun, da Sie wissen, was eine Migräne ist, und verstehen, wie sie abläuft, ist es an der Zeit, bei Ihrem Behandlungsansatz aktiv zu werden. Nachdem Sie den ersten Teil dieses Buches gelesen haben, sollten Sie erkannt haben, wie Sie viele Trigger in Ihrer Umgebung meiden können. Jetzt konzentrieren wir uns auf Ihre Ernährung.

Der zweite Teil dieses Buches zeigt Ihnen, wie Sie Ihre Ernährung umstellen können, um das Risiko von Migräneanfällen zu reduzieren. Sie werden genau erfahren, was Sie essen sollten und was nicht … und warum. Es ist wichtig, die Theorie hinter einer Diät gut zu verstehen, bevor man beginnt, sie zu befolgen.

Dann begleitet dieses Buch Sie durch die Ausschlussphase, liefert eindeutige Anweisungen und Speisepläne für eine dreitägige Reinigung sowie für einen anschließenden Zeitraum von vier Wochen. Dieser Abschnitt enthält viele hilfreiche Tipps, damit die Umstellung so einfach wie möglich wird und Sie eine Vorstellung davon erhalten, was in dieser Phase auf Sie zukommen wird. Zum Abschluss folgen Erklärungen, wie Sie die Wiedereinführungsphase in Angriff nehmen, um genau herauszufinden, welche Trigger für Sie problematisch sind. Nachdem Sie diesen Abschnitt gelesen haben, verfügen Sie über das nötige Wissen, um für den Rest Ihres Lebens die Kontrolle über Ihre Ernährung zu übernehmen und auf diese Weise die Migräneattacken zu minimieren.

Kapitel 3

Eine Ernährungstherapie

Seit vielen Jahre geht man davon aus, dass es eine enge und komplizierte Verbindung zwischen der Ernährung und Migräneattacken gibt. In einer Studie über Nahrungsmittelintoleranz haben Forscher 2005 herausgefunden, dass 30 bis 40 Prozent der Migräniker, die bestimmte Lebensmittel von ihrem Speiseplan gestrichen hatten, eine Verbesserung ihres Leidens feststellten. Darüber hinaus erklärten über 60 Prozent, dass ihre Migränesymptome wiederkehrten, nachdem sie diese Nahrung wieder in ihre Diät aufgenommen hatten (Rees et al., 2005).

Es gibt zwar eine große Anzahl von Berichten über den Zusammenhang zwischen der Ernährung und Migräne, doch die wissenschaftliche Forschung steckt in diesem Bereich noch immer in den Kinderschuhen. Außerdem macht das mangelhafte systematische Verständnis über die Hintergründe einer Migräne es schwer, genau zu bestimmen, warum verschiedene Lebensmittel wie verarbeitetes Fleisch, Milchprodukte, raffinierter Zucker und künstliche Süßungsmittel, Koffein und Alkohol negative Reaktionen bei Migränikern auszulösen scheinen.

Es ist wichtig, im Kopf zu behalten, dass sich die Theorien in diesem Bereich noch weiterentwickeln, und es fällt schwer, eine einzige Diät zu empfehlen, die bei jedem funktioniert. Dennoch hat es eindeutige Vorteile, bestimmte Trigger zu meiden; doch es erfordert die Geduld und Ausdauer jedes Einzelnen, der eine Diät als Behandlungsmethode nutzen möchte.

Viele Menschen beachten die wichtige Rolle nicht, die ihre Ernährung für die Gesundheit spielt, und konzentrieren sich stattdessen auf die traditionelle Medizin und gelegentlich auf alternative Heilmethoden. Doch es ist nachvollziehbar, dass das, was Sie in Ihren Körper hineinstecken, Auswirkungen hat. Wenn Sie tagein, tagaus Junkfood essen, sollten Sie sich nicht wundern, wenn Sie sich lethargisch und unfit fühlen. Ernähren Sie sich hingegen natürlicher und mit nährstoffreichen Lebensmitteln, werden Sie sich energiegeladener und insgesamt gesünder fühlen.

Die ideale Ernährungsform

Die ideale Diät zur Vermeidung von Migräne ist gesund, natürlich und ohne industriell verarbeitete Lebensmittel. Sie besteht aus naturbelassener Nahrung und enthält keinen Zucker, basiert auf frischem Obst und Gemüse, ist frei von herkömmlichen Allergenen wie Gluten, Soja und Milchprodukten und bietet nur eine begrenzte Menge an Koffein und Alkohol. Diese Diät führt Sie zurück zu einer für die Verarbeitung und Verdauung jedes Körpers natürlicheren Ernährungsweise.

Die medizinischen Eigenschaften von Nahrung werden seit Tausenden von Jahren genutzt. Möglicherweise haben Sie in jüngster Zeit von der Paleo-Diät gehört, die auf dem basiert, was unsere steinzeitlichen Vorfahren gegessen haben. Diese Ernährungsweise ist ziemlich beliebt geworden, weil man nicht nur davon ausgeht, dass sie zur Behandlung zahlreicher Krankheiten gut ist, sondern weil Menschen, die sie befolgen, berichten, dass sie sich besser fühlen und besser aussehen als jemals zuvor. Die in diesem Buch erläuterte Diät ähnelt der Paleo-Ernährung insofern, als sie ebenfalls Milchprodukte, die meisten Getreidesorten und Hülsenfrüchte meidet.

Migränepatienten sind nicht die einzigen, die davon profitieren können, eine solche Diät durchzuführen. Der menschliche Körper ist auf diese Art von Nahrung am besten eingestellt, da sie nährstoffreich ist, die Verdauungsgesundheit verbessert und den Blutzuckerspiegel stabilisiert. Diese Diät ist entzündungshemmend – und wie wir aus der Vorstellung der alternativen Behandlungsmethoden in Kapitel 2 wissen, ist das entscheidend für die Vermeidung von Migräneanfällen.

Zu guter Letzt: Falls Sie aktuell übergewichtig sind, kann diese Ernährungsform Ihnen helfen, Gewicht zu verlieren. Wer bereits ein gesundes Körpergewicht hat, den wird sie dabei unterstützen, es zu halten. Das ist besonders wichtig, wenn man bedenkt, dass Fettleibigkeit höchstwahrscheinlich zur Entwicklung von Migränen beiträgt.

Wenig/Kein Zucker

Aufgrund der großen Verbreitung von Zucker in der westlichen Ernährungsweise ist es fast unmöglich, ihn vollständig zu meiden. Sie können allerdings dafür sorgen, Ihren Konsum zu begrenzen.

Zucker kommt in den üblichen Verdächtigen vor wie Gebäck, Limo und Dessert, doch er ist auch in weniger offensichtlichen Nahrungsmitteln zu finden wie Nudeln, Reis, Müsli, Müsliriegel, Fruchtsaft, Joghurt, Nudelsoße, Chips, Salzgebäck, Mayonnaise und Ketchup. Lesen Sie die Etiketten der Verpackungen und meiden Sie alle Produkte, die in ihrer Zutatenliste braunen Zucker, Rohrzucker, Maissirup, Fruchtsaftkonzentrat, Glucose-Fruktose-Sirup, Honig, Ahornsirup, Zuckerrübensirup oder auf -ose endende Zuckerarten (Dextrose, Fruktose, Glucose, Laktose, Maltose oder Saccharose) aufführen. Noch besser: Verzehren Sie nichts, was mit einer Zutatenliste versehen ist.

Aufgrund seiner Auswirkung auf den Blutzuckerspiegel gilt Zucker als herkömmlicher Migränetrigger. Die eben erwähnten Lebensmittel haben einen hohen Wert auf dem glykämischen Index und sorgen dafür, dass der Blutzuckerspiegel ansteigt und dann rapide abfällt, wenn Ihr Körper Insulin freisetzt. Dieser Absturz kann auch zu einem Blutdruckanstieg führen. Die genannten Vorgänge können Migräne verursachen. Aufgrund des Absinkens des Blutzuckerspiegels haben viele Menschen – wie ich – während einer Migräneattacke ein Verlangen nach leeren Kohlenhydraten wie Brot, Kartoffelpüree und Nudeln.

Der Verzicht auf Zucker wird eine enorme Auswirkung auf Ihre Gesamtgesundheit haben. Häufig führt er zu Gewichtsverlust, einem besseren Immunsystem und einem geringeren Risiko für Herzerkrankungen und Diabetes. Zucker liefert keine Nährstoffe, sondern lediglich unnötige Kalorien.

Verwenden Sie stattdessen natürliche Alternativen wie Obst, Zimt und Vanille, um Ihre Speisen zu süßen. Der natürliche Süßstoff Stevia, der aus der gleichnamigen Pflanze gewonnen wird, ist anderen natürlichen, aber stark zuckerhaltigen Süßungsmitteln wie Agave, Honig und Ahornsirup vorzuziehen.

Wenige/Keine Milchprodukte

Sie sollten alle Arten von Milchprodukten meiden, auch Vollmilch von der Kuh, Ziegenmilch, Butter, Käse, Sahne, Pudding, Eis und Joghurt. Wie beim Zucker gilt auch hier: Der Verzicht auf Milchprodukte wird nicht nur Ihre Migränehäufigkeit senken, sondern auch noch eine Menge anderer Vorteile mit sich bringen. Das liegt daran, dass die meisten Menschen – „Collective Evolution" (2013) zufolge etwa 75 Prozent – laktoseintolerant sind, und eine Migräne ist der Weg des Körpers, Laktose abzulehnen.

Die in den vergangenen Jahren in der Gesellschaft gestiegene Häufigkeit von Krankheiten und Allergien tritt gemeinsam mit einer Flut verarbeiteter Lebensmittel auf, die Getreide und Milchprodukte enthalten. Das Problem sind häufig nicht die Nahrungsmittel selbst, sondern die Art, wie sie verarbeitet worden sind; während des Produktionsprozesses entfernt man die meisten Nährstoffe, während unnötige Zucker und Chemikalien hinzugefügt werden.

Menschen sind die einzigen Tiere, die Milch auch über die Kindheit hinaus zu sich nehmen, und die einzige Art, die Milch eines anderen Tiers konsumiert. Wie bereits erwähnt, können 75 Prozent der Menschen Milchprodukte aufgrund der enthaltenen Laktose nicht richtig verdauen, sodass es bei ihnen zu Blähungen, Durchfall, Übelkeit oder sogar Erbrechen kommt (Pribila et al., 2000). Das liegt daran, dass Milchprodukte einen zerstörerischen Pasteurisierungsprozess durchlaufen, der Keime abtötet, aber auch nützliche Nährstoffe vernichtet wie zum Beispiel jene, welche die Verdauung ermöglichen. Darüber hinaus werden Kühe voller Hormone gepumpt, damit sie größer werden und mehr Milch produzieren; und sie bekommen häufig qualitativ minderwertiges Futter, was bei den Menschen zu hormonellen Problemen und Nebenhöhlenverstopfung führt.

Viele Menschen haben die Sorge, dass ein Verzicht auf Milchprodukte zu einem Kalziummangel führt. Die Vorstellung, dass der Milchkonsum für starke Knochen erforderlich ist, geht in erster

Linie auf Marketingtricks zurück. Bedenken Sie, dass Japaner nur wenige Milchprodukte verzehren, aber seltener unter Osteoporose leiden und eine höhere Lebenserwartung haben als US-Amerikaner (Fallon und Enig, 2000). Es gibt andere Kalziumquellen, die für Migräniker nicht problematisch sind, wie Brokkoli, Weißkohl, Grünkohl, Spinat, Eier, Fisch und Beeren.

Neben Milch tierischen Ursprungs und der weit verbreiteten Alternative Soja existieren viele weitere Möglichkeiten wie ungesüßte Mandel-, Kokos- und Reismilch.

Einschränkung des Koffeins

Koffein kann für einen Migränepatienten wohltuend oder schädlich sein, doch wir gehen auf Nummer sicher und davon aus, dass es als Trigger wirkt. Das Problem ist üblicherweise nicht das Koffein selbst, sondern die Tatsache, dass Sie leicht körperlich abhängig davon werden können. Wenn Sie es gewöhnt sind, regelmäßig Koffein zu sich zu nehmen, und plötzlich damit aufhören, werden sich die Blutgefäße in Ihrem Gehirn weiten – was oftmals zu einer Migräne führt. Das kann ganz einfach passieren, wenn Sie ausschlafen und nicht Ihre morgendliche Tasse Kaffee trinken. Folglich ist es besser, Koffein komplett aus Ihrem Leben zu streichen, um in solchen unvermeidbaren Situationen einen Koffeinentzug zu verhindern.

Auf jeden Fall sollten Sie nicht mehr als zwei Portionen oder insgesamt 200 mg Koffein pro Tag zu sich nehmen. Doch im Rahmen der Ausschlussdiät verzichten Sie vollständig darauf. Denken Sie daran, dass Koffein nicht nur in den üblichen Verdächtigen zu finden ist wie Kaffee, Tee und Cola, sondern auch in Schokolade und frei verkäuflichen Schmerzmitteln. Wasser und koffeinfreie Kräutertees sind während der Ausschlussdiät ideale Getränke für Sie.

Einschränkung des Alkohols

Für Migränepatienten ist Alkohol generell problematisch. Erstens steigert er den Blutzufluss zu Ihrem Gehirn, wodurch es zu einer Weitung der Blutgefäße kommen kann. Zweitens sind manche Wissenschaftler der Meinung, dass Nebenprodukte des Alkoholstoffwechsels Migräne auslösen. Und drittens hat Alkohol eine dehydrierende Wirkung, sodass Sie möglicherweise anfälliger für eine Attacke werden.

Die problematischsten Alkoholarten sind Bier, Rotwein, Sekt und Whiskey. Bei Personen, die dafür anfällig sind, reicht eine winzige Menge Alkohol, um eine Migräne zu triggern. Deshalb ist es am besten, vollkommen abstinent zu bleiben.

Glutenfrei

Gluten ist ein Eiweiß, das in Weizen, Roggen, Gerste und Triticale vorkommt. Es trägt dazu bei, dass Nahrung seine Form behält, und fungiert als Kleber, der bestimmte Lebensmittel zusammenhält. In den letzten Jahren ist die glutenfreie Ernährung immer beliebter geworden, selbst bei

Personen, die nicht unter Zöliakie leiden – einer Krankheit, bei welcher der Konsum von Gluten zu einer Entzündung des Dünndarms führt und die infolgedessen die Fähigkeit einschränkt, Nährstoffe aufzunehmen.

Studien und persönliche Berichte haben gezeigt, dass das Gehirn und das Verdauungssystem vieler Menschen am besten funktionieren, wenn sie eine glutenfreie Diät einhalten. Es wird angenommen, dass ganze 18 Millionen US-Amerikaner glutensensitiv sind („Celiac Central", 2015). Diese Sensitivität zeigt sich in Verdauungsproblemen wie Blähungen, Verstopfung oder Durchfall.

Am problematischsten für Migräniker ist jedoch die Auswirkung des Glutens auf das Gehirn. Die Forschung hat bewiesen, dass nach der ersten Reaktion in Ihrem Verdauungstrakt auf den Verzehr von Gluten das Nervensystem überempfindlich und entzündet ist (Cady et al., 2012). Das beeinflusst wiederum negativ die Immunantwort des Körpers und dessen Fähigkeit, Nährstoffe aufzunehmen.

Erst seit weniger als einem Prozent ihres Daseins nehmen Menschen Getreide zu sich; also ist es nicht verwunderlich, dass sich ihr Körper in vielen Fällen nicht daran angepasst hat. Wie bei den Milchprodukten gilt auch hier, dass der Produktionsprozess für Nahrung, die Gluten enthält, sich verschlechtert hat. Vor nur 50 Jahren wurde viel Zeit auf die Herstellung eines Brots verwendet, sodass der Teig langsam fermentierte. Dieser Vorgang wurde auf weniger als drei Stunden beschleunigt, und es wird mehr Hefe verwendet, um die geringere Fermentierungsdauer auszugleichen. Das bedeutet, dass Gluten und Stärke nicht mehr ausreichend Zeit bekommen, um eine verdaubare Form anzunehmen.

Darüber hinaus enthält Gluten selbst fest verbundene Aminosäuren, die sehr widerstandsfähig gegenüber der Verdauung durch den Menschen sind. Die meisten Menschen nehmen deutlich zu viel Getreide zu sich, was zu einer permanent entzündeten und geschädigten Darmwand führt.

Doch eine glutenfreie Diät bedeutet nicht, dass Sie freie Hand haben, sich auf alle glutenfreien Kuchen und Brote zu stürzen. Diese Produkte sind für Migräniker unter Umständen problematisch, da sie Zucker und Zusatzstoffe enthalten können; deshalb sollten sie am besten gemieden werden. Stattdessen ersetzen Sie glutenhaltige Nahrungsmittel durch Obst, Gemüse und alternative Quellen stärkehaltiger Kohlenhydrate wie Süßkartoffeln, Reis und Quinoa.

Reichlich Obst und Gemüse

Nach den Erläuterungen, was Sie einschränken oder vollständig von Ihrem Speiseplan streichen sollten, fragen Sie sich vielleicht, was noch übrig bleibt. Die gute Nachricht: Es gibt noch immer eine Menge Lebensmittel, die Ihren neuen Diätanforderungen entsprechen.

Die Grundlage Ihrer Ernährung sollte aus einer großen Auswahl an frischen Früchten und Gemüse bestehen – mit Ausnahme der Sorten, die im folgenden Abschnitt als Trigger aufgelistet sind. Obst und Gemüse bieten zahlreiche Nährstoffe – wie Ballaststoffe, Folsäure, Kalium sowie die Vitamine A, C und E – und haben für Migräniker nur sehr wenige negative Eigenschaften. Außerdem enthalten sie viel Wasser, wirken also einer Dehydrierung entgegen und halten die Migräne in Schach.

Insbesondere bei Frauen können Früchte und Gemüse helfen, Migräneattacken zu vermeiden. Das liegt daran, dass alle Obst- und Gemüsepflanzen Östrogene enthalten, welche die negativen Auswirkungen des natürlichen Östrogens in unserem Körper abschwächen. Dieser Effekt ist vor allem für jene Frauen hilfreich, die unter menstruationsbedingter Migräne leiden.

Obwohl Früchte zuckerreich sind, enthalten sie andere wünschenswerte Nährstoffe und müssen nicht vom Speiseplan gestrichen werden. Allerdings ist es wichtig, auf Fruchtsaft und Trockenfrüchte zu verzichten, die zugesetzten Zucker enthalten. Doch von frischem Obst können Sie pro Tag zwei oder drei Portionen zu sich nehmen. Die beste Wahl sind für Migränepatienten Beeren, Kirschen, Birnen und Pflaumen. Beachten Sie jedoch, dass Sie während der dreitägigen Reinigung zu Beginn Obst meiden, um die Zuckerzufuhr zu begrenzen.

Eiweißreich

Nehmen Sie eiweißreiche Nahrung zu sich wie Fisch und Meeresfrüchte, Geflügel und andere Fleischsorten sowie vegetarische Optionen wie Eier, Hülsenfrüchte, Samen und Joghurt, der nicht aus tierischer Milch hergestellt worden ist. Eiweiß ist wichtig für die Körperfunktionen und steigert das Sättigungsniveau.

Fisch und Meeresfrüchte enthalten neben viel Eiweiß auch eine Menge wichtiger Nährstoffe wie Vitamin D und Omega-3-Fettsäuren. Fettreicher Fisch wie Makrele, Lachs, Forelle und Thunfisch bietet die meisten Nährstoffe, die essentiell für die Gesundheit von Körper und Geist sind.

Geflügel und anderes Fleisch sowie Eier sind eine hervorragende Quelle für Eiweiß und gesunde Fette. Sie enthalten wichtige Nährstoffe wie Vitamin B12 und Eisen. Wenn Sie es sich leisten können, sollten Sie versuchen, Fleisch von mit Gras gefütterten Tieren und Bio-Produkte zu kaufen.

Chiasamen, Leinsamen, Hanf, Kürbiskerne und Sonnenblumenkerne sind nicht nur eiweißreich, sondern enthalten auch viele einfach ungesättigte Fette. Der Verzehr von ausreichend gesunden Fetten ist entscheidend für eine optimale Gesundheit des Herzens, ein gutes Funktionieren des Gehirns und das Halten Ihres Gewichts. Viele dieser Samen sind überdies reich an Kalzium, Eisen, Ballaststoffen, Folsäure und Magnesium; Letzteres wurde in Kapitel 2 als Ergänzungsmittel für Migräniker empfohlen.

Lebensmittel-Trigger

In diesem Abschnitt werden einige verbreitete Lebensmittel-Trigger eingehend betrachtet und erläutert, warum man annimmt, dass sie eine negative Reaktion bei Migränepatienten auslösen. Bei der Art und Weise, wie jedes dieser Nahrungsmittel eine unerwünschte Auswirkung hervorruft, ist vieles noch nicht bekannt. Doch die folgenden Produkte scheinen gemeinhin als Trigger für Migräniker zu wirken.

Alkohol

Rotwein und Bier sind die schlimmsten Übeltäter, wenn es um das Triggern einer Migräneattacke geht, da sie beide Tyramin enthalten. Viele Migräniker berichten auch von negativen Reaktionen auf Champagner und Whiskey.

„Meine Migräneanfälle beginnen immer mit einem kurzen Verlust des peripheren Sehens, und dann verengt sich alles in meinem Sichtfeld auf einen winzigen Punkt. Ich habe keine Schmerzen, aber Sehstörungen – wie anhaltende Auren –, die zu Schwindel und Übelkeit führen. Gelegentlich habe ich ein Taubheitsgefühl in meinen Extremitäten. Auch wenn ich keine Schmerzen habe, bin ich doch für einige Stunden nicht in der Lage, richtig zu funktionieren. Schon als Jugendlicher bekam ich meine ersten Migräneattacken und hatte auch in meinen Zwanzigern damit zu kämpfen. Nun achte ich darauf, was ich esse, meide Alkohol und sorge dafür, dass ich nicht dehydriere.“

– Ethan, 42 Jahre, Kalifornien

Künstliche Süßstoffe

Manch einer wird davon ausgehen, dass er den Zucker, den er von seinem Speiseplan streicht, durch künstliche Süßstoffe ersetzen kann. Leider ist das keine Lösung. Süßstoffe haben nicht nur negative Eigenschaften, die Migräneattacken auslösen können, sondern steigern auch das Verlangen nach süßen Speisen und erschweren es folglich, den Verzehr von Zucker aufzugeben. Obwohl Süßungsmittel wie Acesulfam, Aspartam, Saccharin und Sucralose keinen Zucker enthalten und infolgedessen nach dem Verzehr den Blutzuckerspiegel nicht ansteigen lassen, lösen sie dennoch eine Insulinausschüttung aus.

Aspartam ist der am weitesten verbreitete Süßstoff und kommt in weltweit über 6.000 Produkten vor. Meiden Sie den Konsum von Süßstoffen in Form von Diät-Getränken, Light-Joghurt, zuckerfreien Bonbons und kalorienarmen Desserts, und nehmen Sie stattdessen natürliche Süßungsmittel zu sich wie Stevia, Zimt und Vanille. Der Verzicht auf künstliche Süßstoffe verschafft Ihnen dieselben Vorteile wie die Reduzierung Ihres Zuckerkonsums – beispielsweise einen Gewichtsverlust und ein geringeres Risiko, an Typ-2-Diabetes zu erkranken.

Bestimmte Obstsorten

Bestimmte Früchte enthalten Tyramin und sollten am besten gemieden werden. Dazu zählen Pflaumen, Cranberrys, Bananen, Avocados, Mandarinen, Ananas, Zitrusfrüchte und Trockenfrüchte. Bananen und Zitrusfrüchte enthalten sowohl Tyramin als auch Histamin, und beide Stoffe weiten die Blutgefäße. Äpfel mit roter Schale und Birnen enthalten Tannine, die anscheinend bei vielen Migränikern ebenfalls als Trigger wirken.

Bestimmte Gemüsesorten

Zu den Gemüsesorten, die sich als Migränetrigger erwiesen haben, zählen Rote Rüben, Auberginen, Chilischoten, grüne Bohnen, Knoblauch und Zwiebeln, da sie entweder Nitrate oder Tyramin enthalten.

Bei Mais ist eine besondere Anmerkung erforderlich. Er ist in zahlreichen gängigen Lebensmitteln der westlichen Ernährungsweise enthalten. Im Laufe der Jahre ist Mais immer stärker gentechnisch verändert worden. Dadurch wurde die Produktionsrate gesteigert und die Widerstandsfähigkeit gegenüber Schädlingen erhöht. Damit ist aber auch die Wahrscheinlichkeit gestiegen, dass der Mais zu Gewichtszunahme führt und Krankheiten auslöst (Samsel, 2012). In Abhängigkeit von seiner letztendlichen Form könnte er nun eher als Getreide eingestuft werden, nicht mehr als Gemüse. Mais enthält kleine Mengen Nitrate, doch seine für Migränepatienten schädlichste Form ist Maissirup.

Sie sollten zwar versuchen, Ihren Teller mit einer großen Auswahl an Obst und Gemüse zu füllen, doch es ist sinnvoll, um die eben genannten Gemüsesorten einen Bogen zu machen, bis Sie sicher sind, dass sie bei Ihnen nicht als Trigger wirken. Darüber hinaus kann gemäß „EatRight Ontario" der Kauf von Gemüse aus Bio-Produktion dazu beitragen, die Nitratbelastung zu verringern.

Milchprodukte

Alle Milchprodukte enthalten ein Protein, das Casein genannt wird und dafür verantwortlich ist, dass Milchprodukte für Migräniker problematisch sind. Schon bei einer leichten Laktoseintoleranz – die leider die meisten von uns haben – kommt es zu Kopfschmerzen. Gesäuerte Milchprodukte wie Joghurt, saure Sahne und Buttermilch zählen zu den schlimmsten Übeltätern. Fettarme und entrahmte Milchprodukte sind ebenso schädlich, zumal sie häufig viel Zucker enthalten, um den Geschmacksverlust infolge des fehlenden Fetts auszugleichen.

Lebensmittel mit Tyramin

Tyramin ist eine Verbindung, die beim Abbau der Aminosäure Tyrosin entsteht und zu einer Erweiterung der Blutgefäße führt. Für Patienten, die zur Behandlung ihrer Migräne Monoaminooxidase-Hemmer einnehmen, ist es äußerst wichtig, alle Nahrungsmittel zu meiden, die Tyramin enthalten, da diese zu einem stark erhöhten Blutdruck führen können.

Tyramin kommt natürlicherweise in Lebensmitteln wie Nüssen, Soja (eine Zutat vieler asiatischer Soßen, Sojasprossen, Edamame, Tempeh und Tofu), Joghurt, Saubohnen, Wurst und Zitrusfrüchten vor, aber auch in gereiften oder fermentierten Lebensmitteln wie Käse (insbesondere Schimmelkäse, Cheddar, Gouda, Parmesan und Schweizer Käse), Sauerkraut, Sauerteigbrot, Leber und Räucherfisch. Generell gilt: Je länger ein eiweißreiches Nahrungsmittel gereift ist, desto größer wird der Tyramingehalt.

Damit Sie möglichst wenig Tyramin zu sich nehmen, sollten sie frische Lebensmittel innerhalb von zwei Tagen nach dem Kauf essen, nichts Verdorbenes verzehren, Nahrung lieber einfrieren als sie bei Zimmertemperatur aufzubewahren und Speisen aus der Dose oder der Tiefkühlung sofort nach dem Öffnen zu sich nehmen.

Mononatriumglutamat

Mononatriumglutamat ist vielleicht der bekannteste Lebensmittelzusatzstoff. Es wird als Konservierungsstoff und Geschmacksverstärker verwendet. Sein schlechter Ruf geht darauf zurück, dass es Migräne verursacht, aber auch zu Krämpfen, Durchfall, Schwitzen und Brustschmerzen führt. Das darin enthaltene Glutamat weitet nicht nur die Blutgefäße, sondern ist auch ein exzitatorischer Neurotransmitter, der die Aktivität in einigen Bereichen des Gehirns steigert und deshalb in einem engen Zusammenhang mit Migräne steht.

Mononatriumglutamat kommt in vielen asiatischen Gerichten vor, aber auch in Parmesan, Büchsenfleisch, Brühen und Suppen sowie in fast jedem Produkt, das Sojaeiweiß enthält.

Salzige/Verarbeitete Lebensmittel

Viele industriell verarbeitete Nahrungsmittel enthalten Gluten, Zucker oder Mononatriumglutamat – die alle für Migräniker problematisch sein können. Fleischprodukte wie Speck, Schinken, Salami und Würste enthalten Nitrate, welche die Produktion von Stickoxid steigern – einem Gas, das Blutgefäße erweitert. Sie werden der Nahrung zugesetzt, um den Geschmack zu verstärken und die Haltbarkeit zu verbessern.

Kapitel 4

Dreitägige Reinigung und Vier-Wochen-Speiseplan

Wie Sie sehen, ist die Liste der eventuell Migräne auslösenden Nahrungsmittel lang und kann überwältigend wirken. Möglicherweise sind Sie verwirrt und wissen nicht, wie Sie anfangen sollen. Vielleicht fragen Sie sich auch, wie Sie so viele Lebensmittel sicher meiden können, ohne Ihrer Gesundheit zu schaden. Die gute Nachricht ist, dass die folgenden Seiten Ihnen alle Denkarbeit abnehmen. Sie werden mit einer dreitägigen Reinigung beginnen und mit einem Vier-Wochen-Speiseplan weitermachen. Dann sind Sie bereit für die Einkaufslisten und Speisepläne, die Ihnen den Übergang so leicht wie möglich gestalten. In Teil 3 finden Sie all die köstlichen und einfach zuzubereitenden Rezepte, die in den Speiseplänen vorkommen.

Die Rezepte orientieren sich an einer eher traditionellen Ernährungsweise mit viel frischem Obst und Gemüse und bieten eine Menge gesunder, nährstoffreicher und entzündungshemmender Lebensmittel. Eiweißreiche Nahrung wie mageres Geflügel, Eier, Haferflocken und Reis werden den Serotoninspiegel heben, was zur Vermeidung von Migräne beitragen kann.

Da es, wie bereits erwähnt, besonders wichtig ist, den Blutzuckerspiegel stabil zu halten, sollten Sie versuchen, im Laufe des Tages drei Mahlzeiten und zwei bis drei Snacks zu sich zu nehmen. Jede Mahlzeit sollte eine Kombination aus Eiweiß, gesunden Fetten und Kohlenhydraten mit einem niedrigen glykämischen Wert liefern. Viele Menschen begehen den Fehler, Snacks zu sich zu nehmen, die ausschließlich aus Kohlenhydraten bestehen, wie beispielsweise Obst, sodass es zu einem raschen Anstieg des Blutzuckerspiegels kommt. Stattdessen sollten Sie Früchte immer mit einer Eiweiß- und Fettquelle zusammen essen, also zum Beispiel Kokosmilchjoghurt mit einer Handvoll Beeren und Nüssen. Außerdem ist es vorteilhaft, wenn Sie Ihren Speiseplan um einige der im Kapitel 2 vorgestellten Nährstoffe ergänzen.

Eine Zeitlang alle möglichen Trigger zu meiden, ist entscheidend, damit Ihr Körper all diese Stoffe ausscheiden kann. In Kapitel 5 erfahren Sie, wie Sie damit beginnen, einige der potenziellen Trigger einzeln nacheinander wieder in Ihren Speiseplan einzuführen, um genau feststellen zu können, welche Nahrung Ihnen Probleme bereitet. Sie können diese neuen Informationen nutzen, um Ihre größten Trigger entweder dauerhaft zu meiden oder in Phasen, in denen Ihr Risiko, eine Migräneattacke zu erleiden, hoch ist. Wenn eine Frau beispielsweise lediglich während ihrer Menstruation Migräneanfälle hat, besteht keine Notwendigkeit für sie, zu anderen Zeiten des Monats auf ihre Trigger-Lebensmittel zu verzichten.

Da die Auslöser von Migräne individuell verschieden sind, besteht die einzige Möglichkeit, herauszufinden, was Ihnen Probleme bereitet, darin, eine gründliche und umfassende Ausschlussdiät durchzuführen, wie sie in diesem Kapitel beschrieben wird. Auch wenn diese Vorgehensweise zunächst mühsam und frustrierend sein mag, wird es sich langfristig lohnen, die wahren Trigger Ihrer Migräne zu entdecken.

Wenn Sie schwanger sind oder stillen, ist eine Ausschlussdiät möglicherweise nicht geeignet. Am besten besprechen Sie geplante Umstellungen Ihrer Ernährungsweise mit Ihrem Arzt.

Den Überblick behalten

Wenn Sie mit Ihrer Ausschlussdiät weiter fortschreiten, ist es wichtig, dass Sie notieren, wie Ihr Körper reagiert. Beginnen Sie nicht, wenn Sie sich inmitten eines Schmerzzyklus befinden; warten Sie dann lieber, bis Sie relativ schmerzfrei sind, und streichen Sie alle zuvor erwähnten Trigger.

Notieren Sie jeden Tag, wie Sie sich fühlen. Sie können diese Notizen dann zusammen mit Ihrem Migräne-Tagebuch aus Kapitel 1 verwenden, um etwaige Veränderungen bei Ihren Attacken zu beobachten. Wie im späteren Verlauf dieses Kapitels erläutert werden wird, kann es sein, dass die Veränderungen anfangs nicht immer positiv sind; dennoch ist es wichtig, sich durch mögliche vorübergehende Unannehmlichkeiten zu kämpfen, um schließlich profitieren zu können.

Unter Umständen fühlen Sie sich mit dieser Art von Diät insgesamt besser, unabhängig davon, ob sie Ihre Migräne beeinflusst. Außerdem hat sich gezeigt, dass die Durchführung einer bestimmten Diät therapeutische Effekte hat – ähnlich wie die in Kapitel 2 vorgestellte kognitive Verhaltenstherapie –, da Sie das Gefühl bekommen, Ihre Migräne stärker kontrollieren zu können. Dennoch sollten Sie nicht zu streng sein, sofern es nicht nötig ist; wenn Sie für eine längere Zeit alle möglichen Trigger ausschließen, werden Sie dadurch in Ihrem Körper wahrscheinlich eher für mehr Stress sorgen.

VORRATSKAMMER UND KÜCHENGERÄTE

Beginnen Sie damit, alle Trigger-Lebensmittel aus Ihrer Vorratskammer zu verbannen, damit es keine Versuchung gibt, von Ihrem Plan abzuweichen. Auf jeden Fall wird nur eine begrenzte Menge an Lebensmitteln den Weg in Ihre Speisekammer finden, da die meisten Zutaten, die im Rahmen dieses Plans Verwendung finden, frisch sind und nicht im Kühlschrank aufbewahrt werden müssen. Zu den Nahrungsmitteln, die in Ihre Vorratskammer gehören, zählen diverse getrocknete Kräuter und Gewürze, Packungen mit pflanzlichen Milchalternativen, Reis, Kokosöl, Stevia und Vanilleextrakt.

Fast alle Kräuter und Gewürze sind für Migräniker geeignet – zum Beispiel Piment, Basilikum, Lorbeerblätter, schwarzer Pfeffer, Kardamom, Zimt, Koriander, Kreuzkümmel, Curry, Dill, Fenchelsamen, Pfefferminze, Muskatnuss, Oregano, Paprika, Rosmarin, Safran, Salbei, Meersalz und Thymian. Man geht davon aus, dass Ingwer für Migräniker besonders wohltuend ist. „Migräne.com" zufolge hilft er, Übelkeit zu lindern, und wahrscheinlich blockiert er auch Prostaglandine, also Hormone, die im Gehirn Entzündungen in den Blutgefäßen auslösen. Die Einnahme von etwa einem Viertel Teelöffel frisch geriebenen Ingwers wird zu Beginn einer Migräneattacke empfohlen.

Wenn Sie in Küchengeräte investieren wollen, werden Ihnen eine Küchenmaschine und ein Schongarer beim Kochen viel Arbeit und Mühe ersparen. Sie können in einem Schongarer mit minimalem Aufwand viele gesunde Gerichte in großen Mengen zubereiten; und eine Küchenmaschine verkürzt die Zeit, die Sie brauchen, um Zutaten zu hacken oder zu pürieren.

Außerdem brauchen Sie mindestens eine Bratpfanne und einen Kochtopf sowie ein Schneidbrett und ein hochwertiges Küchenmesser, um Fleisch und Gemüse vorzubereiten.

Die dreitägige Reinigung

Sie beginnen Ihre Ausschlussdiät mit einer dreitägigen Reinigung. In dieser Zeit streichen Sie alle Lebensmittel von Ihrem Speiseplan, die zuvor als Trigger erwähnt wurden. Das ist die schwierigste Phase des Plans, doch sie wird Ihnen auch helfen, in Schwung zu kommen; und am Ende der Reinigung werden Sie sich bedeutend besser fühlen. Sorgen Sie dafür, dass Sie gut organisiert sind, bevor Sie die Reinigung in Angriff nehmen: Verwenden Sie dazu die in diesem Kapitel aufgeführten Einkaufs- und Vorratslisten, um die wichtigsten Lebensmittel zu besorgen.

Es ist unumgänglich, dass Sie die Reinigung sowie den anschließenden Vier-Wochen-Plan nach den hier dargelegten Vorgaben durchführen. Lassen Sie keine Mahlzeiten oder Snacks aus, und weichen Sie nicht von der Liste der zulässigen Lebensmittel ab. In Kapitel 5 werden Sie erfahren, wie Sie einige der gestrichenen Lebensmittel wieder einführen und auf diese Weise Ihre Diät individualisieren und an Ihre persönlichen Trigger und Vorlieben anpassen. Diese Übersicht steht auch unter callistomedia.com/migrainereliefdiet zum Herunterladen zur Verfügung.

SYMPTOMÜBERSICHT / DREITÄGIGE REINIGUNG

		Tag 1	Tag 2	Tag 3
Morgens	Nahrung			
	Symptome			
Nachmittags	Nahrung			
	Symptome			
Abends	Nahrung			
	Symptome			

Speiseplan für die dreitägige Reinigung

Die Rezepte für die dreitägige Reinigung finden Sie in Teil 3 dieses Buches. Denken Sie daran, den Plan genau einzuhalten, und nehmen Sie pro Tag zwei Imbisse aus der Liste zulässiger Snacks zu sich. Am besten fangen Sie diese Reinigung an einem Freitag an, damit Sie die erste Woche des Vier-Wochen-Plans an einem Montag beginnen können. Dadurch haben Sie am Wochenende viel Zeit, sich auf den längeren Plan vorzubereiten.

FREITAG

Frühstück: Einfache Putenfrikadellen (Seite 103)
Mittagessen: Ingwer-Hähnchen-Wraps (Seite 130)
Abendessen: Tilapia aus dem Ofen mit Pak Choi und Spinat (Seite 126)

SAMSTAG

Frühstück: Hähnchen-Kürbis-Haschee (Seite 102)
Mittagessen: Rosenkohlsalat mit Kräutern (Seite 106)
Abendessen: Salat mit Butternusskürbis und Kichererbsen (Seite 152)

SONNTAG

Frühstück: Sellerie-Süßkartoffel-Reibekuchen (Seite 98)
Mittagessen: Gegrillte Lammkoteletts mit Minzpesto (Seite 136)
Abendessen: Hähnchen-Brokkoli-Auflauf (Seite 131)

Snack-Vorschläge

Sellerie-, Gurken- und Karottenstifte
Glutenfreie Cracker
4 Scheiben Rinderbraten-Aufschnitt (glutenfrei)
4 glutenfreie Tortillas mit Hummus
230 g Kokosmilchjoghurt
2 hartgekochte Eier

EINKAUFSLISTE

Obst und Gemüse
Pak Choi (2 Tassen, gehackt)
Brokkoli (1 Kopf)
Rosenkohl (900 g)
Butternusskürbis (1)
Karotten (5)
Knollensellerie (2)
Stangensellerie (1)
Salatgurken (2)
Fenchelknolle (1)
Yambohne (1)
Grünkohl (2 Tassen)
Blattsalat (1 Kopf)
Kürbis (900 g)
Rote Paprikaschoten (2)
Frühlingszwiebeln (7)
Schalotten (2)
Spinat (2 Tassen)
Süßkartoffeln (2)

Milchprodukte, Milchersatzprodukte und Eier
Kokosmilchjoghurt, naturbelassen (230 g)
Frischkäse (1 Tasse)
Eier (6)
Reismilch, ungesüßt (1 Tasse)

Frische Kräuter und Gewürze
Basilikum (1 Bund)
Koriander (1 Bund)
Ingwer (1 kleines Stück)
Petersilie (1 Bund)
Thymian (1 Bund)

Fisch und Meeresfrüchte
Tilapia-Filets (4 à 230 g)

Fleisch
Hähnchenbrust, ohne Knochen, ohne Haut (1600 g)
Putenhackfleisch (450 g)
Lammfleisch, magere Koteletts, etwa 2,5 cm dick (8)
Roastbeef, Aufschnitt, glutenfrei (230 g)

Aus dem Vorrat
Pfeilwurzelmehl
Schwarzer Pfeffer, frisch gemahlen
Kichererbsen, aus der Dose
Zimt, gemahlen
Nelken, gemahlen
Kreuzkümmel, gemahlen
Senf, körnig
Olivenöl-Antihaft-Kochspray
Muskatnuss, gemahlen
Kokosöl
Chiliflocken
Meersalz
Heller Essig

Sonstiges
Kichererbsen, aus der Dose (2 Tassen)
Glutenfreie Cracker (1 Packung)
Glutenfreie Tortillas (4)
Hummus (1 Glas)
Stevia (1 Päckchen, 7 g)
Weißer Reis (3 Tassen)

Vier-Wochen-Speiseplan

Dieser Vier-Wochen-Speiseplan soll Ihnen helfen, die meisten Lebensmittel zu meiden, die als Migräneauslöser fungieren können, um dann anschließend damit zu beginnen, jedes Lebensmittel einzeln wieder einzuführen und auf diese Weise herauszufinden, ob es Sie beeinträchtigt. Jeder Woche sind Mahlzeitenvorschläge und praktische Einkaufslisten zugeordnet, um Ihnen die Planung zu erleichtern. Die Rezepte für Frühstück, Mittagessen, Abendessen und ein paar Snacks finden Sie in Teil 3 dieses Buches. Wenn Sie beschließen, ein bestimmtes der im Plan vorgesehenen Rezepte nicht zuzubereiten, ersetzen Sie es einfach durch ein anderes Rezept des Buches und passen Ihre Einkaufsliste entsprechend an.

Der Plan umfasst keinen Nachtisch; Sie müssen entsprechende Zutaten also auf den Einkaufslisten ergänzen, wenn Sie ein oder zwei Leckereien ausprobieren möchten. Sie werden feststellen, dass Reste sowie einige Hinweise, wie Sie bestimmte Rezepte verdoppeln sollen, in den Plan aufgenommen worden sind. Der Hühner- und der Rinderfond für verschiedene Rezepte können mithilfe der Kochanleitungen in Kapitel 12 hergestellt werden, oder Sie kaufen entsprechende glutenfreie Produkte im Lebensmittelmarkt. Sollte einer der Vorschläge eine Zutat enthalten, die bei Ihnen Migräne auslöst, ersetzen Sie diese durch etwas Passendes und ändern die Einkaufsliste entsprechend. Diese Übersicht steht auch unter callistomedia.com/migrainereliefdiet zum Herunterladen zur Verfügung.

SYMPTOMÜBERSICHT / VIER-WOCHEN-SPEISEPLAN

		Tag 1	Tag 2	Tag 3
Morgens	Nahrung			
	Symptome			
Nachmittags	Nahrung			
	Symptome			
Abends	Nahrung			
	Symptome			

SYMPTOMÜBERSICHT / VIER-WOCHEN-SPEISEPLAN

		Tag 1	Tag 2	Tag 3
Morgens	Nahrung			
	Symptome			
Nachmittags	Nahrung			
	Symptome			
Abends	Nahrung			
	Symptome			

SYMPTOMÜBERSICHT / VIER-WOCHEN-SPEISEPLAN

		Tag 1	Tag 2	Tag 3
Morgens	Nahrung			
	Symptome			
Nachmittags	Nahrung			
	Symptome			
Abends	Nahrung			
	Symptome			

SYMPTOMÜBERSICHT / VIER-WOCHEN-SPEISEPLAN

		Tag 1	Tag 2	Tag 3
Morgens	Nahrung			
	Symptome			
Nachmittags	Nahrung			
	Symptome			
Abends	Nahrung			
	Symptome			

SPEISEPLAN FÜR WOCHE 1

MONTAG

Frühstück: Wassermelone-Basilikum-Smoothie (Seite 93)
Mittagessen: Hühnersuppe mit Weißkohl (Seite 118)
Abendessen: Tilapia aus dem Ofen mit Pak Choi und Spinat (Seite 126)

DIENSTAG

Frühstück: Frühstücksauflauf mit Butternusskürbis (Seite 100)
Mittagessen: Grüner Krautsalat (Seite 107)
Abendessen: Saftiger Hackbraten (Seite 139)

MITTWOCH

Frühstück: Einfache Putenfrikadellen (Seite 103)
Mittagessen: Saftiger Hackbraten (Reste) (Seite 139)
Abendessen: Hähnchen-Brokkoli-Auflauf (Seite 131)

DONNERSTAG

Frühstück: Sonniger Karotten-Smoothie (Seite 92)
Mittagessen: Cremige Grünkohl-Makkaroni (Seite 161)
Abendessen: Heilbutt mit Paprikaschoten-Salsa (Seite 122)

FREITAG

Frühstück: Heidelbeer-Ricotta-Pfannkuchen (doppelte Menge für Snack) (Seite 96)
Mittagessen: Rosenkohlsalat mit Kräutern (Seite 106)
Abendessen: Eintopf mit Wurzelgemüse (Seite 166)

SAMSTAG

Frühstück: Grüner Birnen-Smoothie (Seite 90)
Mittagessen: Melonen-Gazpacho mit Basilikum (Seite 111)
Abendessen: Goldbraunes Brathähnchen (Seite 134)

SONNTAG

Frühstück: Buchweizenpfannkuchen mit Nektarinen (Seite 94)
Mittagessen: Waldorfsalat (mit Hähnchenresten) (Seite 110)
Abendessen: Rinderbrust mit Herbstgemüse (Seite 142)

Snack-Vorschläge

Sellerie-, Gurken- und Karottenstifte
Glutenfreies Pittabrot mit Apfel und Ricotta
Weintrauben
Heidelbeer-Ricotta-Pfannkuchen (Seite 96)
Honigmelone-Minz-Eis am Stiel (Seite 187)
Bunte Gemüse-Salsa (Seite 174)
Mango-Eis (Seite 184)

EINKAUFSLISTE FÜR WOCHE 1

Obst und Gemüse
Williams-Christ-Birne (1)
Heidelbeeren (1 kg)
Pak Choi (2 Tassen)
Brokkoli (1 Kopf)
Rosenkohl (900 g)
Butternusskürbis (680 g)
Cantaloupe-Melone (1)
Karotten (10)
Stangensellerie (7)
Gemüsekohl (450 g)
Salatgurken (3)
Fenchelknolle (1)
Granny-Smith-Äpfel (5)
Weißkohl (1 Kopf)
Helle Weintrauben (2 Tassen)
Meerrettich (1 kleines Stück)
Yambohne (1)
Grünkohl (400 g)
Lauch (5)
Mangos (2)
Chinakohl (1 Kopf)
Nektarinen (4)
Neue Kartoffeln (12)
Orangefarbene Paprikaschote (1)
Pastinaken (5)
Kartoffeln (2)
Rote Paprikaschote (3)
Frühlingszwiebeln (5)
Schalotten (16)
Spinat (450 g)
Süßkartoffel (1)
Wassermelone (1)

Milchprodukte, Milchalternativen und Eier
Ricotta (2 Tassen)
Frischkäse (1 Tasse)
Sahne (1 Tasse)
Reismilch, ungesüßt (4½ Tassen)

Frische Kräuter und Gewürze
Basilikum (1 Bund)
Koriander (1 Bund)
Oregano (1 Bund)
Petersilie (1 Bund)
Rosmarin (1 Bund)
Thymian (1 Bund)

Fisch und Meeresfrüchte
Tilapia-Filets (4 à 230 g)
Heilbutt-Filets (4 à 170 g)

Fleisch
Rinderbrust (450 g)
Hähnchenbrust, ohne Knochen, ohne Haut (680 g)
Hähnchen, ganz, gebraten (1800 g)
Rinderhackfleisch, mager (900 g)
Putenhackfleisch (450 g)

Aus dem Vorrat
Pfeilwurzelmehl
Backpulver
Lorbeerblätter
Schwarzer Pfeffer, frisch gemahlen
Paniermehl, glutenfrei
Cayennepfeffer, gemahlen
Zimt, gemahlen
Nelken, gemahlen
Kreuzkümmel, gemahlen
Buchweizenmehl
Reismehl
Sorghummehl
Makkaroni, glutenfrei
Senf, körnig
Muskatnuss, gemahlen
Olivenöl-Antihaft-Kochspray
Kokosöl
Meersalz
Sonnenblumenkerne
Vanilleextrakt, rein
Heller Essig

Sonstiges
Dunkler Rinderfond (3 Tassen) (Seite 201)
Pittabrot, glutenfrei (1 Packung)
Kartoffelstärke (½ Tasse)
Einfacher Hühnerfond (8 Tassen) (Seite 200)
Stevia (3 Päckchen à 7 g)
Gemüsebrühe, glutenfrei (6 Tassen)
Weißer Reis (1½ Tassen)

SPEISEPLAN FÜR WOCHE 2

MONTAG

Frühstück: Sellerie-Süßkartoffel-Reibekuchen (Seite 98)
Mittagessen: Rinderbrust mit Herbstgemüse (Reste) (Seite 142)
Abendessen: Lauch-Pastinaken-Suppe (doppelte Portion) (Seite 116)

DIENSTAG

Frühstück: Grüner Heidelbeer-Smoothie (Seite 91)
Mittagessen: Lauch-Pastinaken-Suppe (Reste) (Seite 116)
Abendessen: Jambalaya (Seite 128)

MITTWOCH

Frühstück: Frühstücksauflauf mit Butternusskürbis (Seite 100)
Mittagessen: Jambalaya (Reste) (Seite 128)
Abendessen: Salatrollen mit Mango-Ingwer-Soße (Seite 146)

DONNERSTAG

Frühstück: Reispudding mit Beeren (Seite 192)
Mittagessen: Kichererbsen-Grünkohl-Suppe (Seite 117)
Abendessen: Rindfleisch-Gemüse-Eintopf (Seite 138)

FREITAG

Frühstück: Wassermelone-Basilikum-Smoothie (Seite 93)
Mittagessen: Rindfleisch-Gemüse-Eintopf (Reste) (Seite 138)
Abendessen: Kartoffel-Gemüse-Auflauf (Seite 162)

SAMSTAG

Frühstück: Buchweizenpfannkuchen mit Nektarinen (Seite 94)
Mittagessen: Kartoffel-Gemüse-Auflauf (Reste) (Seite 162)
Abendessen: Altmodischer „Backfisch" (Seite 124)

SONNTAG

Frühstück: Sonniger Karotten-Smoothie (Seite 92)
Mittagessen: Gemüsebratlinge (doppelte Portion) (Seite 151)
Abendessen: Goldbraunes Brathähnchen (Seite 134)

Snack-Vorschläge

Wassermelonenstücke
Nektarine
Glutenfreie Tortillas mit Frischkäse
Gemüsebratlinge (Seite 151)
Honigmelone-Minz-Eis am Stiel (Seite 187)
Paprikaschotendip (Seite 172)
Gewürzte Apfelchips (Seite 170)

EINKAUFSLISTE FÜR WOCHE 2

Obst und Gemüse
Bohnensprossen (½ Tasse)
Butternusskürbis (680 g)
Karotten (12)
Blumenkohl (1 Kopf)
Knollensellerie (1)
Stangensellerie (5)
Salatgurken (2)
Granny-Smith-Äpfel (2)
Weißkohl (1 Kopf)
Yambohne (1)
Grünkohl (400 g)
Lauch (11)
Blattsalat (1)
Mangos (3)
Nektarinen (5)
Neue Kartoffeln (12)
Pastinaken (10)
Rote Paprikaschote (1)
Russet-Kartoffeln (6)
Frühlingszwiebeln (6)
Schalotten (20)
Spinat (450 g)
Erdbeeren (1 kg)
Süßkartoffeln (3)
Wassermelone (1)
Gelbe Paprikaschote (1)
Zucchini (1)

Milchprodukte, Milchalternativen und Eier
Frischkäse (1 Tasse)
Sahne (1¼ Tassen)
Reismilch, ungesüßt (1,9 l)

Frische Kräuter und Gewürze
Basilikum (1 Bund)
Koriander (1 Bund)
Ingwer (7,5 cm)
Pfefferminze (1 Bund)
Petersilie (1 Bund)
Rosmarin (1 Bund)
Thymian (1 Bund)

Fisch und Meeresfrüchte
Schellfischfilet, ohne Gräten, ohne Haut (450 g)
Garnelen (16 bis 20)

Fleisch
Rinderkammbraten (450 g)
Hähnchenbrust, ohne Knochen, ohne Haut (450 g)
Hähnchen, ganz, gebraten (1800 g)

Aus dem Vorrat
Piment, gemahlen
Pfeilwurzelmehl
Backpulver
Lorbeerblätter
Schwarzer Pfeffer, frisch gemahlen
Kardamom, gemahlen
Cayennepfeffer, gemahlen
Zimt, gemahlen
Nelken, gemahlen
Koriandersamen, gemahlen
Kreuzkümmel, gemahlen
Buchweizenmehl
Reismehl
Olivenöl-Antihaft-Kochspray
Muskatnuss, gemahlen
Kokosöl
Paprikapulver
Chiliflocken
Meersalz
Vanilleextrakt, rein
Heller Essig

Sonstiges
Heidelbeeren, gefroren (1 Tasse)
Kichererbsen, aus der Dose (850 g)
Dunkler Rinderfond (5 Tassen) (Seite 201)
Tortillas, glutenfrei (4)
Kartoffelstärke (½ Tasse)
Einfacher Hühnerfond (13 Tassen) (Seite 200)
Stevia (3 Päckchen à 7 g)
Sushi-Reis (4 Tassen)
Vanilleschote (1)
Gemüsebrühe, glutenfrei (½ Tasse)
Weißer Reis (3 Tassen)

SPEISEPLAN FÜR WOCHE 3

MONTAG

Frühstück: Selbst gemachtes Apfelmus (doppelte Portion) (Seite 182)
Mittagessen: Ingwer-Hähnchen-Wraps (mit Hähnchenresten) (Seite 130)
Abendessen: Eichelkürbis mit Quinoa-Füllung (Seite 148)

DIENSTAG

Frühstück: Einfache Putenfrikadellen (Seite 103)
Mittagessen: Grüner Krautsalat (Seite 107)
Abendessen: Saftiger Hackbraten (Seite 139)

MITTWOCH

Frühstück: Wassermelone-Basilikum-Smoothie (Seite 93)
Mittagessen: Saftiger Hackbraten (Reste) (Seite 139)
Abendessen: Lachs mit Lauch-Sahne-Soße (Seite 127)

DONNERSTAG

Frühstück: Heidelbeer-Ricotta-Pfannkuchen (Seite 96)
Mittagessen: Hühnersuppe mit Weißkohl (doppelte Portion) (Seite 118)
Abendessen: Fajitas mit Rindfleisch (Seite 140)

FREITAG

Frühstück: Sonniger Karotten-Smoothie (Seite 92)
Mittagessen: Bratreis mit Gemüse (Seite 147)
Abendessen: Hühnersuppe mit Weißkohl (Reste) (Seite 118)

SAMSTAG

Frühstück: Reispudding mit Beeren (Seite 192)
Mittagessen: Salatrollen mit Mango-Ingwer-Soße (Seite 146)
Abendessen: Heilbutt mit Paprikaschoten-Salsa (Seite 122)

SONNTAG

Frühstück: Frühstücksauflauf mit Butternusskürbis (Seite 100)
Mittagessen: Grünkohl-Kräuter-Suppe (Seite 112)
Abendessen: Kürbis-Curry (Seite 164)

Snack-Vorschläge

Ricotta mit Weintrauben
Glutenfreie Cracker
Beeren
Selbst gemachtes Apfelmus (Seite 182)
Pfirsich-Sahne-Eis am Stiel (Seite 186)
Birnenleder mit Zimt (Seite 171)
Süßkartoffel-Pommes (Seite 176)

EINKAUFSLISTE FÜR WOCHE 3

Obst und Gemüse
Eichelkürbisse (2)
Bohnensprossen (½ Tasse)
Heidelbeeren (1 kg)
Blattsalat (2 Köpfe)
Brokkoli (1 Kopf)
Butternusskürbis (680 g)
Karotten (4)
Stangensellerie (2)
Salatgurken (2)
Fenchel (1)
Granny-Smith-Äpfel (15)
Grüne Paprikaschote (1)
Weißkohl (1 Kopf)
Meerrettich (1 kleines Stück)
Yambohne (2)
Grünkohl (340 g)
Lauch (12)
Mangos (3)
Chinakohl (1 Kopf)
Orangefarbene Paprikaschote (1)
Pastinake (1)
Kartoffeln (2)
Kürbis (1)
Rote Paprikaschote (5)
Frühlingszwiebeln (7)
Schalotten (7)
Erdbeeren (1 kg)
Mangold (140 g)
Wassermelone (1)
Zucchini (1)

Milchprodukte, Milchalternativen und Eier
Ricotta (1½ Tassen)
Sahne (2 Tassen)
Reismilch, ungesüßt (3 Tassen)

Frische Kräuter und Gewürze
Basilikum (1 Bund)
Koriander (1 Bund)
Ingwer (15 cm langes Stück)
Pfefferminze (1 Bund)
Oregano (1 Bund)
Petersilie (1 Bund)
Thymian (1 Bund)

Fisch und Meeresfrüchte
Heilbutt-Filets (4, 170 g)
Lachsfilet (680 g)

Fleisch
Hähnchenbrust, ohne Knochen, ohne Haut (900 g)
Flanksteak (450 g)
Rinderhackfleisch, mager (900 g)
Putenhackfleisch (450 g)

Aus dem Vorrat
Piment, gemahlen
Pfeilwurzelmehl
Backpulver
Lorbeerblätter
Schwarzer Pfeffer, frisch gemahlen
Paniermehl, glutenfrei
Zimt, gemahlen
Nelken, gemahlen
Koriandersamen, gemahlen
Kreuzkümmel, gemahlen
Currypulver
Reismehl
Sorghummehl
Olivenöl-Antihaft-Kochspray
Muskatnuss, gemahlen
Kokosöl
Meersalz
Kurkuma, gemahlen
Heller Essig

Sonstiges
Kichererbsen, aus der Dose (230 g)
Quinoa (1 Tasse)
Einfacher Hühnerfond (4¼ Tassen) (Seite 199)
Stevia (9 Päckchen à 7 g)
Tortillas, glutenfrei (4)
Vanilleschote (1)
Gemüsebrühe, glutenfrei (2 Tassen)
Weißer Reis (2½ Tassen)

SPEISEPLAN FÜR WOCHE 4

MONTAG

Frühstück: Wassermelone-Basilikum-Smoothie (Seite 93)
Mittagessen: Kürbis-Curry (Reste) (Seite 164)
Abendessen: Gegrillte Lammkoteletts mit Minzpesto (Seite 136)

DIENSTAG

Frühstück: Einfache Putenfrikadellen (Seite 103)
Mittagessen: Yambohnen-Melonen-Salat mit Gurken-Dressing (Seite 108)
Abendessen: Goldbraunes Brathähnchen (Seite 134)

MITTWOCH

Frühstück: Heidelbeer-Ricotta-Pfannkuchen (Seite 96)
Mittagessen: Waldorfsalat (mit Hähnchenresten) (Seite 110)
Abendessen: Tilapia aus dem Ofen mit Pak Choi und Spinat (Seite 126)

DONNERSTAG

Frühstück: Grüner Birnen-Smoothie (Seite 90)
Mittagessen: Quinoa-Taboulé (Seite 155)
Abendessen: Rindfleisch-Gemüse-Eintopf (Seite 138)

FREITAG

Frühstück: Reispudding mit Beeren (Seite 192)
Mittagessen: Rindfleisch-Gemüse-Eintopf (Reste) (Seite 138)
Abendessen: Irischer Kohleintopf (Seite 160)

SAMSTAG

Frühstück: Buchweizenpfannkuchen mit Nektarinen (Seite 94)
Mittagessen: Brokkolisuppe mit Reis (Seite 114)
Abendessen: Heilbutt mit Paprikaschoten-Salsa (Seite 122)

SONNTAG

Frühstück: Heidelbeer-Pannacotta (Seite 185)
Mittagessen: Salatrollen mit Mango-Ingwer-Soße (Seite 146)
Abendessen: Hähnchen-Brokkoli-Auflauf (Seite 131)

Snack-Vorschläge

Rohkost (Karotten, Salatgurke, Brokkoli)
Apfel (Granny Smith)
Wassermelonenstücke
Glutenfreier Bagel mit Frischkäse
Pfirsich-Sahne-Eis am Stiel (Seite 186)
Kürbis-Hummus (Seite 173)
Birnenleder mit Zimt (Seite 171)

EINKAUFSLISTE FÜR WOCHE 4

Obst und Gemüse
Williams-Christ-Birne (1)
Bohnensprossen (½ Tasse)
Heidelbeeren (1 kg)
Pak Choi (2 Tassen)
Blattsalat (1 Kopf)
Brokkoli (2 Köpfe)
Cantaloupe-Melone (1)
Karotten (5)
Stangensellerie (10)
Salatgurken (4)
Granny-Smith-Äpfel (2)
Weißkohl (1 Kopf)
Helle Weintrauben (2 Tassen)
Honigmelone (1)
Yambohne (3)
Grünkohl (1170 g)
Lauch (2)
Mangos (2)
Nektarinen (5)
Orangefarbene Paprikaschote (1)
Pastinaken (2)
Rettiche (4)
Rote Paprikaschote (3)
Russet-Kartoffeln (5)
Frühlingszwiebeln (6)
Schalotten (12)
Spinat (340 g)
Erdbeeren (1 kg)
Wassermelone (1)

Milchprodukte, Milchalternativen und Eier
Ricotta (1 Tasse)
Sahne (3 Tassen)
Reismilch, ungesüßt (6 Tassen)

Frische Kräuter und Gewürze
Basilikum (1 Bund)
Ingwer (5 cm)
Pfefferminze (1 Bund)
Oregano (1 Bund)
Petersilie (1 Bund)
Rosmarin (1 Bund)
Thymian (1 Bund)

Fisch und Meeresfrüchte
Heilbutt-Filets (4 à 170 g)
Tilapia-Filets (4 à 230 g)

Fleisch
Rinderkammbraten (450 g)
Hähnchenbrust, ohne Knochen, ohne Haut (900 g)
Hähnchen, ganz, gebraten (1800 g)
Putenhackfleisch (450 g)
Lendenkoteletts vom Lamm (8)

Aus dem Vorrat
Piment, gemahlen
Pfeilwurzelmehl
Backpulver
Schwarzer Pfeffer, frisch gemahlen
Zimt, gemahlen
Nelken, gemahlen
Koriandersamen, gemahlen
Kreuzkümmel, gemahlen
Buchweizenmehl
Reismehl
Sorghummehl
Olivenöl-Antihaft-Kochspray
Muskatnuss, gemahlen
Kokosöl
Chiliflocken
Meersalz
Sonnenblumenkerne
Vanilleextrakt, rein
Heller Essig

Sonstiges
Naturreis (1½ Tassen)
Dunkler Rinderfond (5 Tassen) (Seite 200)
Gelatineblätter (3)
Kartoffelstärke (½ Tasse)
Einfacher Hühnerfond (8 Tassen) (Seite 199)
Stevia (6 Päckchen à 7 g)
Vanilleschote (1)
Weißer Reis (3 Tassen)

STRATEGIEN ZUM ZEITSPAREN

Es gibt einige Strategien, die Sie anwenden können, um den Stress im Zusammenhang mit Ihrer neuen Ernährungsweise zu minimieren. Möglicherweise fühlen Sie sich anfangs überfordert, wenn Sie an die Vorbereitung jeder einzelnen Mahlzeit und jedes Snacks im kommenden Monat denken; doch mit ein paar Tipps und Tricks können Sie leicht gesunde, nährstoffreiche Speisen in derselben Zeit zusammenstellen, die es in Anspruch nähme, wenn Sie zum Essen ein Restaurant aufsuchen würden. Die folgenden Tipps werden Ihnen helfen, all Ihre Mahlzeiten schnell und einfach zuzubereiten.

- **Planen Sie am Wochenende Zeit für die Vorbereitung Ihrer Mahlzeiten ein.** Bereiten Sie am Sonntagabend im Voraus so viel wie möglich für die Speisen vor, die Sie im Laufe der Woche zu sich nehmen wollen. Sie können Fleisch braten und im Kühl- oder Gefrierschrank aufbewahren, Obst und Gemüse waschen und zerkleinern, stärkehaltige Kohlenhydrate wie Reis, Quinoa und Kartoffeln kochen und eine große Portion Suppe oder Soße zubereiten. Fleisch und Gemüse anzubraten, ist in der Regel die einfachste Methode der Zubereitung. Wenn Sie beispielsweise den Backofen ohnehin in Betrieb haben, um Hähnchenbrust zu garen, ist nur ein minimaler zusätzlicher Aufwand vonnöten, um gleichzeitig etwas Gemüse zu rösten. Wenn Ihr Fleisch und Getreide schon vorbereitet sind, dauert es nur wenige Augenblicke, sie zu einer gesunden Mahlzeit zu kombinieren.
- **Freunden Sie sich mit Ihrem Schongarer an.** Wie bereits erwähnt, spart ein Schongarer Ihnen Zeit. Es dauert lediglich zehn Minuten, am Morgen etwas Fleisch, Gemüse und Brühe in den Schongarer zu füllen. Wenn Sie dann von der Arbeit nach Hause kommen, warten bereits sechs bis acht Portionen Ihrer Mahlzeit auf Sie.
- **Wählen Sie einfache Snacks.** Widmen Sie Ihre Anstrengung in erster Linie der Vorbereitung Ihrer drei Hauptmahlzeiten, und suchen Sie sich einfache, schnelle Snacks aus wie hartgekochte Eier, Samen und Früchte. Im Rahmen Ihrer wöchentlichen Essensvorbereitung können Sie etwas Gemüse kleinschneiden und portionieren, um einen Imbiss zur Hand zu haben. Darüber hinaus können Sie versuchen, eine Portion Reispudding mit Beeren (Seite 192) oder Pfirsich-Sahne-Eis am Stiel (Seite 186) zuzubereiten.

Vom Umgang mit Ihren Erwartungen

Während Sie sich durch diese Speisepläne arbeiten, können Sie zahlreiche positive und negative Auswirkungen auf Ihren Körper erwarten. In Abhängigkeit davon, wie Ihre Ernährung vor Beginn dieser Diät aussah, sollten Sie sich energiegeladener fühlen, eine bessere Verdauung feststellen, weniger Hunger und Stimmungsschwankungen haben und eine Verbesserung bei Haaren, Nägeln und Haut erkennen. Möglicherweise kommt es auch zu einem Gewichtsverlust – und natürlich zu einer Abnahme der Heftigkeit und Intensität Ihrer Migräneattacken.

Wenn Sie diesen Plan in Angriff nehmen, ist es allerdings auch normal, dass es gelegentlich zu Kopfschmerzen, Gelüsten und einem niedrigeren Energieniveau kommt, bis alle Giftstoffe und Suchtmittel Ihren Körper verlassen haben.

Positive Veränderungen

Sie können einige oder auch alle der nachfolgend aufgeführten positiven Auswirkungen wahrnehmen, entweder sofort oder nach ein beziehungsweise zwei Wochen mit der *Anti-Migräne-Diät*. Sofern Sie sich auf absehbare Zeit an diese neue Ernährungsweise halten, werden Sie von diesen Vorteilen auch langfristig profitieren.

Bessere Verdauung. Sie können erwarten, dass sich Ihre Verdauung verbessert: weniger Blähungen, Verstopfung und Durchfall sowie mehr Regelmäßigkeit. Viele Menschen bemerken nicht, wie empfindlich sie unter Umständen auf Nahrungsmittel wie Gluten und Milchprodukte reagieren. Erst wenn sie auf diese Lebensmittel verzichten, stellen sie fest, dass sie sich deutlich besser fühlen. Der Speiseplan enthält eine große Menge an Ballaststoffen, die auch positive Auswirkungen auf Ihren Stuhlgang haben. Darüber hinaus wird diese Diät Ihre Darmflora verbessern und Entzündungen im Verdauungstrakt reduzieren.

Seltenere und weniger intensive Migräneanfälle. Was aber am wichtigsten ist: Sie werden wahrscheinlich seltener unter Migräne leiden, und wenn es doch zu einer Attacke kommt, sollte sie weniger intensiv sein. Diese Diät ist so konzipiert, dass möglichst wenige Ernährungstrigger verwendet werden, sodass das Risiko für einen Migräneanfall sinkt.

Bessere Haare, Nägel und Haut. Da Sie auf der Grundlage der hier aufgeführten Speisepläne mehr gesunde Fette zu sich nehmen, kann sich die Qualität Ihrer Haare und Nägel verbessern: Sie sollten kräftiger werden und weniger leicht brechen. Falls Sie Hautprobleme haben wie zum Beispiel trockene Haut oder Akne, werden Sie in dieser Hinsicht wahrscheinlich ebenfalls eine Verbesserung feststellen. Das liegt an der reduzierten Menge an Lebensmitteln, die künstliche Hormone enthalten, sowie an der gesteigerten Zufuhr an Fetten und einer Reduzierung der Nahrung mit einem hohen glykämischen Wert.

Mehr Energie. Die meisten Amerikaner nehmen viele industriell verarbeitete, zuckerreiche Lebensmittel zu sich und verlassen sich häufig auf koffeinhaltige Produkte, um durch den Tag zu kommen. Wenn Sie diese Lebensmittel von Ihrem Speiseplan streichen, werden Sie überrascht sein, wie energiegeladen Sie sich fühlen. Sie werden ohne die Hilfe von Koffein wach werden, und da Ihr Energieniveau im Laufe des Tages konstant bleibt, kommt es am Nachmittag auch nicht zu einem Absinken der Energie. Außerdem sollte sich auch Ihre Schlafqualität verbessern.

Konstanter Blutzuckerspiegel. Wenn Sie industriell verarbeitete Nahrung zu sich nehmen, steigt Ihr Blutzuckerspiegel an und fällt dann drastisch ab. Ein Wechsel zu der in diesem Buch propagierten Ernährungsweise wird Ihnen helfen, Ihr Energieniveau konstant zu halten. Die verwendete Nahrung gibt langsam und gleichmäßig Energie in Ihren Blutkreislauf ab, sodass der Hunger sich allmählich und natürlich entwickelt. Es wird selten vorkommen, dass Ihr Hunger Sie dazu bringt, sich Hals über Kopf auf die Keksdose zu stürzen. Möglicherweise werden Sie auch feststellen, dass Sie sich besser konzentrieren können und weniger reizbar sind.

Gewichtsverlust. Es ist zwar nicht das Ziel dieser Diät, dass Sie abnehmen, doch das kann eine natürliche Nebenwirkung sein. Auch hier gilt: Wenn Ihre Ernährung zuvor viel ungesunde Nahrung enthielt, die kalorienreich und nährstoffarm war, kommt es logischerweise sofort zu Beginn der Ernährungsumstellung zu einem Gewichtsverlust.

Negative Veränderungen

Da nicht jeder sich vor Beginn der *Anti-Migräne-Diät* auf dieselbe Weise ernährt hat, wird auch nicht jeder die nachfolgend aufgeführten Nebenwirkungen ganz oder teilweise bei sich feststellen. Doch es ist wichtig, dass Sie wissen, was vorkommen kann, damit Sie besser vorbereitet sind und nicht so rasch in Versuchung geraten, das Handtuch zu werfen. Die gute Nachricht ist, dass diese negativen Symptome nur vorübergehend auftreten und meist nach wenigen Tagen abklingen.

Gelüste. Viele der Lebensmittel, die Sie meiden werden, machen süchtig. Das bedeutet nicht nur, dass Ihr Körper anfangs gestresst sein wird, sondern auch, dass es Sie womöglich nach Nahrung verlangen wird, die nicht auf Ihrem neuen Speiseplan steht. Kuchen, Eis und Kartoffelchips werden plötzlich zu einer großen Versuchung, wenn Sie wissen, dass Sie sie nicht essen dürfen.
Solche Gelüste sind ganz normal. Sorgen Sie dafür, dass die Trigger-Nahrung nicht in Reichweite ist und gesunde Snacks vorhanden sind. Wenn Sie sich nach etwas Süßem sehnen, probieren Sie es mit den empfohlenen Früchten oder Kräutertee. Das Gute ist: Sobald Ihr Körper die Giftstoffe aus Ihrem Blutkreislauf entfernt hat, wird er von sich aus aufhören, nach diesen „bösen" Lebensmitteln zu verlangen. Wenn Sie irgendwann diese Art von Nahrung wieder zu sich nehmen, werden Sie möglicherweise deren Geschmack nicht mehr genießen.

Niedrigeres Energieniveau. Obgleich es durch diese Diät zu einem gesteigerten Energieniveau kommt, kann es sein, dass Sie sich zu Beginn müde fühlen. Dabei handelt es sich um eine Entzugserscheinung, mit der Ihr Körper auf den Verlust von Energie aus industriell verarbeiteter, chemisch veränderter Nahrung reagiert. Ihr Energieniveau sollte innerhalb weniger Tage wieder ansteigen, und Sie werden sich wahrscheinlich energiegeladener fühlen als vor Beginn der Ausschlussdiät.

Kopfschmerzen. Sowohl Koffein als auch Zucker haben süchtig machende Eigenschaften. Falls Sie größere Mengen dieser Substanzen konsumiert haben und dann plötzlich auf beides verzichten, kommt es unter Umständen während der dreitägigen Reinigung zu einem kalten Entzug. In dieser Phase leiden Sie möglicherweise unter Kopfschmerzen (die sich dann zu Migräne entwickeln können), einem allgemeinen Müdigkeitsgefühl und sogar Muskelschmerzen. Eine solche Entzugsphase dauert üblicherweise bis zu drei Tage.

Kapitel 5

Wiedereinführung

Nachdem Sie den Vier-Wochen-Speiseplan absolviert haben, können Sie gefahrlos damit beginnen, einige Trigger-Lebensmittel wieder in Ihre Ernährung einzuführen. Möglicherweise werden Sie feststellen, dass Sie einige Ihrer Lieblingslebensmittel wieder genießen können, doch eventuell erkennen Sie auch, dass es Ihnen ohne sie am besten geht.

Auch wenn es mir gar nicht gefällt: Ich kann keinerlei Milchprodukte essen und muss auf bestimmte Arten verarbeiteten Fleischs verzichten, sonst kommt es zu einer negativen Reaktion. In seltenen Fällen esse ich diese Lebensmittel, doch ich weiß, dass ich selbst Schuld bin, wenn ich dann einen Migräneanfall bekomme. So sehr ich Salami und Eis auch vermisse, die mit dem Konsum dieser Lebensmittel einhergehenden Schmerzen sind es einfach nicht wert. Mir ist ein gesundes und erfüllendes Leben fast ohne Migräne wichtiger, selbst wenn das bedeutet, dass ich auf den Genuss von Speisen, die ich sehr mag, verzichten muss.

Die Wiedereinführungsphase ist entscheidend, denn es ist nicht nötig, dass Sie bestimmte Lebensmittel einschränken – und dadurch möglicherweise wichtige Nährstoffe verlieren –, wenn es keinen Grund dazu gibt. Sie beobachten weiterhin genau Ihre Migräne und andere Symptome, während Sie nach und nach vorsichtig einzelne Trigger-Nahrungsmittel wieder einführen, wie auf den folgenden Seiten erläutert. So werden Sie in der Lage sein, herauszufinden, welche dieser Lebensmittel Ihnen Probleme bereiten und welche sicher sind.

Die Wiedereinführungsphase kann mühsam sein, und unter Umständen fällt es schwer, bewusst Nahrungsmittel zu essen, von denen man annimmt, dass sie eine Migräne auslösen könnten. Doch es lohnt sich, einen Tag mit Beschwerden in Kauf zu nehmen, um zu erkennen, ob Sie ein bestimmtes Lebensmittel für den Rest Ihres Lebens von Ihrem Speiseplan streichen sollten.

Eventuell finden Sie heraus, dass kleine Mengen eines bestimmten Trigger-Lebensmittels keine großen Probleme verursachen. Vielleicht erkennen Sie auch, dass Ihre Toleranz gegenüber einigen Nahrungsmitteln von vielen anderen Faktoren abhängt; so schwanken bei Frauen die Hormone im Laufe des Monats, und das kann dazu führen, dass gewisse Nahrungstrigger wie Schokolade zu bestimmten Zeiten mit einer größeren Wahrscheinlichkeit Migräne auslösen.

Diese Phase des Plans kann mehrere Monate in Anspruch nehmen. Sie kann nicht beschleunigt werden, da Sie sonst riskieren, Ihre ganze harte Arbeit in der Ausschlussphase zunichtezumachen. Sie müssen jedes Lebensmittel einzeln wiedereinführen und brauchen dazu unter Umständen mehrere Anläufe, um eine Reaktion zu verifizieren – das kann zeitaufwendig sein. Möglicherweise werden Sie auch feststellen, dass etwas, das heute als Trigger wirkt, in Zukunft keine Probleme bereitet, oder umgekehrt. Die Beziehung zwischen Ihrer Ernährung und den Migräne-Episoden müssen Sie also für den Rest Ihres Lebens beobachten.

Damit Sie verstehen, inwiefern Ihre Ernährung Sie beeinflusst, sind viel individuelles Experimentieren sowie eine Menge Zeit und Geduld erforderlich. Nutzen Sie den folgenden Plan für Ihren Weg durch diese letzte, aber entscheidende Phase.

Die sichere Wiedereinführung

Obwohl es verführerisch sein kann, sich nach Ablauf des vollständigen Vier-Wochen-Plans sofort auf alle verbotenen Lebensmittel zu stürzen, müssen Sie die Wiedereinführungsphase vorsichtig und in den nachfolgend erläuterten Schritten angehen. Die Vorgehensweise selbst ist einfach, doch sie erfordert etwas Disziplin.

Es ist wichtig, dass Sie sich keine allzu großen Hoffnungen machen: Es gibt ein sehr realistisches Risiko, dass viele der Lebensmittel, die Sie während der dreitägigen Reinigung und des Vier-Wochen-Plans gemieden haben, tatsächlich bei Ihnen Migräne auslösen – und das bedeutet, dass Sie sie nicht mehr essen können, wenn Sie gesund bleiben wollen. Akzeptieren Sie, dass diese Diät zu einer langfristigen Umstellung des Lebensstils führt und dass ein etwaiger dauerhafter Verzicht für Ihre optimale Gesundheit ein kleines Opfer ist.

Ein Nahrungsmittel nach dem anderen

Auch wenn es viel Zeit in Anspruch nimmt, ist es von ganz entscheidender Bedeutung, dass Sie immer nur ein Lebensmittel auf einmal wiedereinführen. Auf diese Weise werden Sie in der Lage sein, genau zu erkennen, wie Ihr Körper auf dieses eine Nahrungsmittel reagiert. Wenn Sie zum Beispiel verarbeitetes Fleisch, Milchprodukte und Gluten in Form einer Pizza gleichzeitig wiedereinführen und anschließend Migräne haben, ist nicht klar, welche Zutat in dieser Mahlzeit dafür verantwortlich war. Es ist wichtig, dass Sie Nahrungsmittel in ihrer reinsten Form zu sich nehmen: Sie essen also besser eine Orange, anstatt Orangensaft zu trinken.

Denken Sie daran, Ihre Migränesymptome mithilfe der Wiedereinführungssymptomübersicht (Seite 85) genau zu beobachten, damit Sie feststellen können, welche Nahrungsmittel bei Ihnen als Trigger wirken.

Beginnen Sie mit kleinen Mengen

Es ist wichtig, dass Sie sich nicht mitreißen lassen, wenn Sie ein potenziell Migräne auslösendes Lebensmittel wiedereinführen. Wenn Sie beschließen, Milchprodukte wieder in Ihren Speiseplan zu integrieren, sollten Sie nicht zuerst einen Becher Joghurt essen, dann einen Milchshake trinken und sich schließlich eine große Portion Eis gönnen. Stattdessen ist es besser, zum Beispiel mit einer kleinen Menge Joghurt zu beginnen und zu beobachten, wie Ihr Körper reagiert. Beim nächsten Mal versuchen Sie es mit einer etwas größeren Portion. Manchmal werden Sie kleine Mengen einer bestimmten Trigger-Nahrung vertragen, sodass es wichtig ist, auch die gewählten Portionsgrößen zu notieren.

Falls es irgendwann während dieses Prozesses zu einer negativen Reaktion kommt, hören Sie sofort auf, dieses Lebensmittel zu sich zu nehmen, und notieren sich, dass dieses Lebensmittel bei Ihnen möglicherweise Migräne auslöst.

Warten Sie drei Tage

Nur weil Sie nicht sofort einen Migräneanfall bekommen, heißt das noch nicht, dass eine bestimmte Nahrung bei Ihnen nicht als Trigger wirkt. Jedes Lebensmittel sollte über einen Zeitraum von drei Tagen wiedereingeführt und beobachtet werden. Nehmen Sie das Nahrungsmittel ausschließlich am ersten Tag zu sich, und warten Sie dann drei Tage, ob sich etwaige verspätete Symptome einstellen, während Sie Ihre normale Ausschlussdiät fortsetzen.

Sollte es zu irgendeiner negativen Reaktion kommen, sollten Sie auf jeden Fall warten, bis all Ihre Symptome abgeklungen sind, und währenddessen die normale Ausschlussdiät fortsetzen, bevor Sie das nächste Lebensmittel hinzunehmen, das möglicherweise als Trigger fungiert.

Nehmen Sie das Lebensmittel täglich zu sich

Wenn es im Laufe der drei Tage zu keinerlei negativen Reaktion kommt, versuchen Sie, jeden Tag eine kleine Menge des Trigger-Lebensmittels zu sich zu nehmen. Manchmal müssen Sie einer bestimmten Nahrung über eine längere Zeit hinweg ausgesetzt sein, damit eine negative Reaktion erfolgt. Das bedeutet, dass Sie das Lebensmittel gelegentlich und unter bestimmten Umständen essen können. Nun ist es Ihre Entscheidung, ob Sie das betreffende Lebensmittel wieder regelmäßig in Ihren Speiseplan aufnehmen wollen.

Wenn es nach dem wiederholten Verzehr zu keinen negativen Folgen kommt, wirkt diese Nahrung für Sie nicht als Trigger, sodass Sie es wieder dauerhaft genießen können. Jetzt versuchen Sie, mit den oben beschriebenen Schritten den nächsten potenziellen Migräneauslöser wieder in Ihren Speiseplan einzuführen.

Testen Sie verschiedene Nahrungsmittel aus jeder Kategorie

Wenn Sie beispielsweise auf Rote Rüben schlecht reagiert haben, heißt das nicht, dass alle Gemüsesorten, die Tyramin enthalten, bei Ihnen Migräne auslösen. Wiederholen Sie den Wiedereinführungsprozess mit *allen* Lebensmitteln, die in jeder Kategorie aufgeführt sind, bevor Sie eine ganze Lebensmittelgruppe komplett ausschließen.

So habe ich zum Beispiel keinerlei Probleme mit Schinken und Speck, doch andere verarbeitete Fleischsorten wie Salami und Würstchen wirken bei mir in der Regel als Trigger. Natürlich hätte ich nach meiner Anfangserfahrung mit zwei Produkten aus dieser Kategorie vermuten können, dass alle verarbeiteten Fleischsorten bei mir einen Migräneanfall auslösen, doch tatsächlich kann ich einige Varianten durchaus gut vertragen.

Geben Sie Lebensmitteln eine zweite Chance

Denken Sie daran: Nur weil ein bestimmtes Lebensmittel ein Trigger ist, bedeutet das nicht, dass es allein ausreicht, um Ihre Migräneschwelle zu überschreiten. Beispielsweise kann es sein, dass Sie bei dem Versuch, Milchprodukte wiedereinzuführen, eine Migräne bekommen. Statt sogleich davon auszugehen, dass es sich um einen starken Trigger handeln muss, sollten Sie darüber nachdenken, welche anderen Faktoren eventuell noch eine Rolle gespielt haben könnten. Waren Sie hellem Licht ausgesetzt? Haben Sie in der vorangegangenen Nacht schlecht geschlafen? Stehen Sie unter einem besonders großen Druck? Verzichten Sie ein oder zwei Wochen auf das schädliche Lebensmittel, bevor Sie noch einmal versuchen, es wiedereinzuführen. Wenn es erneut eine Reaktion hervorruft, können Sie mit größerer Sicherheit davon ausgehen, dass es sich um einen Trigger handelt.

Selbst wenn Sie zweimal oder häufiger auf ein bestimmtes Lebensmittel negativ reagieren, muss das nicht zwangsläufig heißen, dass Sie es für immer meiden müssen. Nach sechs Monaten, einem Jahr oder sogar nach fünf Jahren können Sie einen neuen Versuch wagen. So habe ich beispielsweise nach dem Genuss von Rotwein fast immer unter Migräne gelitten, und zwar viele Jahre lang. Doch da ich inzwischen gelernt habe, mit meinen anderen Migränetriggern besser umzugehen, scheine ich nun ein oder zwei Gläser ohne Probleme zu vertragen.

Welche Lebensmittel Sie zuerst wiedereinführen sollten

Es ist wichtig, die Wiedereinführung von Trigger-Nahrung sorgfältig und bewusst durchzuführen, und auch die Entscheidung, mit welchen Lebensmitteln Sie beginnen wollen, sollte mit Bedacht getroffen werden. Sie fangen mit Nahrung an, die für die meisten Migräniker am wenigsten problematisch ist, sodass Sie die Schmerzen möglichst gering halten, sowie mit jenen Produkten, welche die meisten Nährstoffe haben.

Beginnen Sie mit Gemüse, und arbeiten Sie sich dann wie nachfolgend beschrieben durch die Liste, wobei Sie die oben dargelegten Richtlinien für eine sichere Wiedereinführung beachten. Denken Sie daran, dass Sie immer nur ein Nahrungsmittel nach dem anderen einführen sollten statt eine ganze Kategorie auf einmal. Das liegt daran, dass Sie zum Beispiel möglicherweise Butter und Sahne vertragen, aber Milch und Käse nicht.

Gemüse

Da es sich hierbei um die Lebensmittelgruppe mit der höchsten Nährstoffdichte handelt, die von Ihrem Speiseplan gestrichen worden ist, sollten die Gemüsesorten, die Sie gemieden haben, als erste wiedereingeführt werden. Dazu zählt Gemüse wie Rote Rüben, Chilischoten, Auberginen, grüne Bohnen, Knoblauch und Zwiebeln. Diese Sorten sollten in einer beliebigen Reihenfolge einzeln nacheinander und unter Berücksichtigung der zuvor dargelegten Regeln wiedereingeführt werden.

Mais sollte als eine der letzten Gemüsesorten wiedereingeführt werden, allerdings ausschließlich in seiner naturbelassenen Form und nicht als Maissirup.

Obst

Als Nächstes können Sie Avocados, Bananen, Cranberrys, Ananas, Mandarinen und Zitrusfrüchte wiedereinführen. Nehmen Sie eine Zitrusfrucht nach der anderen einzeln wieder in Ihren Speiseplan auf. Zitronen und Limetten können ausgedrückt und Mineralwasser zugesetzt werden, während Orangen und Grapefruits im Ganzen gegessen werden sollten.

Nüsse

Anschließend können Sie alle Sorten von Nüssen einzeln nacheinander wiedereinführen, also Mandeln, Paranüsse, Cashewkerne, Macadamianüsse, Erdnüsse, Pinienkerne und Walnüsse.

Fermentierte Lebensmittel

Danach versuchen Sie es mit Produkten wie eingemachten Gurken, Sauerkraut und geräucherten Makrelen. Auch hier legen Sie die Reihenfolge danach fest, was Sie am meisten vermisst haben, und es gibt keine Notwendigkeit, Lebensmittel wiedereinzuführen, die Sie unter normalen Umständen nicht essen würden.

Verarbeitetes Fleisch

Im Anschluss daran führen Sie in einer Reihenfolge Ihrer Wahl Schinken, Speck, Salami und Wurst wieder ein. Wenn eines dieser Produkte Probleme bereitet, ist es sinnvoll, sich in Zukunft an unverarbeitetes Fleisch zu halten.

Milchprodukte

Milchprodukte können problematisch sein, da sie nicht nur Kasein enthalten, sondern häufig auch Tyramin. Aus diesem Grund ist es am besten, Milchprodukte nicht sofort wiedereinzuführen. Nachdem Sie sich durch die zuvor erwähnten Lebensmittelgruppen gearbeitet haben, beginnen Sie die Wiedereinführung von Milchprodukten mit leichter verdaulichen Varianten wie Milch und Butter, bevor Sie zu Joghurt oder Hartkäse übergehen. Vielleicht möchten Sie auch verschiedene Käsesorten an unterschiedlichen Tagen testen, da Sie unter Umständen auf eine Sorte negativ reagieren, auf eine andere aber nicht. Manche Menschen können auch Rohmilchprodukte vertragen, aber keine pasteurisierten, und umgekehrt.

Schokolade

Schokolade ist problematisch, weil sie nicht nur Koffein enthält, sondern auch Zucker. Deshalb sollte sie eingeschränkt werden. Doch manch einem fällt es sehr schwer, auf diese Süßigkeit zu verzichten. Wenn es Ihnen auch so geht, begrenzen Sie die Schlemmerei einfach auf ein paar Mal pro Woche und wählen Sie dunkle Schokolade, wann immer es möglich ist, da sie einen höheren Kakaoanteil hat und weniger Zucker enthält.

Gluten

Denken Sie daran: Gluten kann aus zahlreichen Gründen, die nichts mit Migräne zu tun haben, problematisch sein. Deshalb fühlen Sie sich möglicherweise besser, wenn Sie Gluten von Ihrem Speiseplan streichen, auch wenn es nicht zu Ihren persönlichen Migränetriggern gehört. Viele glutenhaltige Lebensmittel enthalten auch andere Zutaten, die gestrichen worden sind; deshalb ist es wichtig, dass Gluten als eines der letzten Lebensmittel wiedereingeführt wird. Achten Sie darauf, jede glutenhaltige Getreidesorte (Weizen, Gerste und Roggen) separat zu testen.

Soja

Wie Gluten kann auch Soja für viele Menschen problematisch sein – ganz unabhängig von seiner Rolle als Migräneauslöser. Deshalb ist es möglicherweise sinnvoll, Soja dauerhaft vom Speiseplan zu streichen. Beginnen Sie mit der Verwendung von ein wenig Sojasoße in Ihrem Essen oder knabbern Sie ein paar Stückchen Edamame, um herauszufinden, ob sich das negativ auf Sie auswirkt.

Alkohol

Alkohol wird zuletzt wiedereingeführt. Wein, Bier und Schnaps sollten an verschiedenen Tagen ausprobiert werden, da die Reaktion jeweils unterschiedlich ausfallen kann. Beschränken Sie sich anfangs auf ein einziges Glas.

Lebensmittel, die Sie nicht wiedereinführen werden

Manche Lebensmittel meiden Sie am besten generell, da sie sich schädlich auf Ihren Körper auswirken. Dazu zählen künstliche Süßstoffe, Koffein, Glutamat und Zucker. Hoffentlich werden Sie diese Produkte inzwischen nicht mehr vermissen, sodass es Ihnen leichter fällt, sie ganz von Ihrem Speiseplan zu streichen – oder zumindest nur sehr selten zu sich zu nehmen. Diese Produkte bieten keinen Nährwert: Also wird Ihnen in dieser Hinsicht nichts fehlen, wenn Sie auf sie verzichten.

Künstliche Süßstoffe

Süßstoffe enthalten künstliche Zutaten, die am besten gar nicht erst in Ihr System gelangen sollten. Sie beeinflussen Ihren Blutzuckerspiegel und können zu einer Gewichtszunahme führen sowie das Risiko steigern, an einem Typ 2-Diabetes zu erkranken.

Koffein

Denken Sie daran, dass Koffein selbst kein Migränetrigger ist; es ist vielmehr die körperliche Abhängigkeit, die Sie gegenüber dieser Substanz entwickeln, die problematisch ist. Deshalb ist es wichtig, weiterhin auf Koffein zu verzichten oder zumindest die konsumierte Menge einzuschränken. Manche Menschen vertragen eine Tasse Kaffee pro Woche, doch herauszufinden, ob Sie zu dieser Gruppe gehören, erfordert einen gewissen persönlichen Experimentieraufwand. Tun Sie das nur, wenn Sie bereits versucht haben, alle anderen potenziellen Trigger aus der Liste wiedereinzuführen.

Mononatriumglutamat

Es ist bekannt, dass Glutamat sich negativ auf Ihre Gesundheit auswirkt, da es nicht nur einen Zusammenhang zur Migräne gibt, sondern auch zu Bauchkrämpfen, Durchfall, Schweißausbrüchen und Brustschmerzen führt. Es sollte am besten gemieden werden.

Zucker

Es ist zwar nahezu unmöglich, Zucker komplett vom Speiseplan zu streichen, doch Sie können und sollten Ihren Zuckerkonsum einschränken. Vergessen Sie nicht, dass Zucker sich negativ auf Ihren Blutzuckerspiegel und infolgedessen auch auf Ihren Blutdruck auswirkt. Außerdem steigert er das Risiko von Gewichtzunahme, Diabetes und Herzerkrankungen.

Ihre Symptome beobachten

Wenn Sie die oben aufgelisteten Nahrungsmittel wieder in Ihre Diät einführen, ist es äußerst wichtig, dass Sie festhalten, wie Ihr Körper reagiert: Notieren Sie alle Reaktionen und Symptome mithilfe der Wiedereinführungssymptomübersicht (Seite 85). Auf diese Weise werden Sie in der Lage sein, eindeutig zu erkennen, welche Lebensmittel bei Ihnen als Trigger wirken und welche nicht problematisch für Sie sind. Diese Übersicht steht auch unter callistomedia.com/migrainereliefdiet zum Herunterladen zur Verfügung.

Notieren Sie sich zunächst, welches Lebensmittel Sie wiedereingeführt haben. Dann halten Sie fest, wie es Ihnen geht – unabhängig davon, ob Sie sich gut oder schlecht fühlen. Beobachten Sie Schlaf, Stimmung, Energieniveau, Verdauung und Darmbewegungen. Notieren Sie auch andere Ereignisse in Ihrem Leben, damit Sie wissen, ob beispielsweise Ihr Schlaf oder das Stressniveau für etwaige Reaktionen verantwortlich sein könnte statt einer bestimmten Nahrung.

Fragen rund um die Wiedereinführung

Nun, da Sie mit allen nötigen Informationen ausgestattet sind, um die Wiedereinführungsphase zu durchlaufen, kommen Ihnen wahrscheinlich einige Fragen. Nachfolgend finden Sie die Antworten auf einige der gängigsten Fragen, die sich zu Beginn dieses Stadiums stellen.

Wenn ich auf ein Lebensmittel reagiere, sollte ich dann für immer darauf verzichten? Der menschliche Körper ist ein komplexes, dynamisches System. Eine negative Reaktion auf ein bestimmtes Nahrungsmittel bedeutet noch nicht, dass Sie auch in Zukunft immer so reagieren werden. Warten Sie einfach drei bis sechs Monate ab, bevor Sie nach einer negativen Reaktion erneut versuchen, ein Lebensmittel wiedereinzuführen.

Was passiert, wenn ich auf ein Lebensmittel aus einer Kategorie reagiere, aber auf ein anderes nicht? Es ist ganz normal, dass Sie auf ein Lebensmittel aus einer bestimmten Gruppe negativ reagieren, aber andere aus dieser Kategorie vertragen. Deshalb ist es so wichtig, sich jedes Lebensmittel einer Gruppe einzeln vorzunehmen, statt zu versuchen, eine gesamte Kategorie auf einmal wiedereinzuführen. Es kann also gut möglich sein, dass Sie einige Lebensmittel einer Gruppe essen können, andere aber nicht.

Muss ich diese Diät für immer einhalten? Stellen Sie sich die *Anti-Migräne-Diät* nicht als vorübergehende Diät, sondern eher als eine Umstellung der Lebensweise vor. Niemand wird Sie zwingen, diese Diät für den Rest Ihres Lebens einzuhalten; doch Sie werden sich wahrscheinlich deutlich besser fühlen, wenn Sie sich langfristig von Ihrer individuellen Triggernahrung fernhalten. Schlussendlich müssen Sie sich zwischen Ihrer Gesundheit und Lebensmitteln entscheiden und überlegen, was das Beste für Sie ist. Viele Menschen berichten, dass die gesundheitlichen Vorteile, die das Meiden bestimmter Nahrung bietet, alle Formen des Verzichts auf jeden Fall wert sind.

WIEDEREINFÜHRUNGSSYMPTOMÜBERSICHT/WÖCHENTLICHER SPEISEPLAN

WOCHE ____

		Tag 1	Tag 2	Tag 3	Tag 4	Tag 5	Tag 6	Tag 7
Morgens	Nahrung							
	Symptome							
Nachmittags	Nahrung							
	Symptome							
Abends	Nahrung							
	Symptome							

Teil 3

Rezepte

Migräne ist ein komplexes medizinisches Krankheitsbild mit einer Liste von Symptomen, die von Person zu Person unterschiedlich sind. Trotz ihrer großen Verbreitung wird die Migräne noch immer meist falsch verstanden. Der erste Teil dieses Buches beschäftigt sich mit der medizinischen Definition dieses Leidens und erläutert, wie und warum eine Migräne auftritt. Die ärztlichen Standardmethoden zur Behandlung von Migräne sowie einige alternative, natürliche Heiloptionen werden vorgestellt.

Eine der größten Herausforderungen, wenn man eine neue Diät in Angriff nehmen möchte, besteht darin, zu Ihren Zielen passende Rezepte zu finden, die lecker sind und Ihr Budget nicht sprengen. Viele der Zutaten, die Sie für die Rezepte in diesem Teil des Buches benötigen, finden Sie ohne Probleme in Ihrem örtlichen Lebensmittelmarkt. Und Sie brauchen keine besondere Küchenausrüstung.

Das Ziel der *Anti-Migräne-Diät* ist es, Ihnen beim Umgang mit Ihrer Migräne zu helfen und deren Häufigkeit zu reduzieren. Die Zutaten jedes Rezepts sind so zusammengestellt, dass auf die gängigen Migränetrigger und die üblichen Lebensmittelallergene verzichtet wird. Doch jeder Mensch ist anders, und Migränetrigger können ganz ungewöhnlich sein. Aus diesem Grund sollten Sie jede Zutat, die Ihnen nicht gut bekommt, durch eine andere ersetzen, die Sie vertragen. Kochen ist meistens keine exakte Wissenschaft, genießen Sie also die Zubereitung und das Ergebnis!

Kapitel 6

Frühstück

NUSSFREI VEGAN SCHNELL & EINFACH

Grüner Birnen-Smoothie

PORTIONEN: 2 O VORBEREITUNGSZEIT: 5 MINUTEN

„Williams Christ" ist die am häufigsten angebaute Birnensorte in Nordamerika. Diese Birne ändert ihre Farbe an der Sonnenseite von grün zu einem angenehmen Gelb und schmeckt im Herbst und frühen Winter am besten. Birnen gehören zur Familie der Rosengewächse, und insbesondere die Sorte „Williams Christ" ist berühmt für ihre charakteristische Birnenform und die butterig-weiche Konsistenz im reifen Zustand.

2 Tassen Grünkohl
1 reife Williams-Christ-Birne, entkernt und gehackt
½ Salatgurke, in Stücke geschnitten
1 EL Sonnenblumenkerne
½ TL Zimtpulver
½ TL geriebene Muskatnuss
4 Eiswürfel

1. In einem Mixer Grünkohl, Birne, Salatgurke, Sonnenblumenkerne, Zimt und Muskatnuss geschmeidig pürieren.
2. Eiswürfel hinzufügen und mixen, bis eine geschmeidige, dicke Konsistenz entsteht.
3. Den Smoothie auf 2 Gläser aufteilen und servieren.

Allergieanpassung: Manche Menschen reagieren empfindliche auf Samen. Wenn Sie Probleme mit Sonnenblumenkernen haben, können Sie diesen Smoothie auch ohne sie zubereiten.

PRO PORTION Kalorien: 91; Fett insgesamt: 1 g; gesättigte Fette: 0 g; Cholesterin: 0 mg; Kohlenhydrate insgesamt: 21 g; Ballaststoffe: 4 g; Eiweiß: 3 g

NUSSFREI VEGAN SCHNELL & EINFACH

Grüner Heidelbeer-Smoothie

PORTIONEN: 2 ○ VORBEREITUNGSZEIT: 15 MINUTEN

Spinat ist die perfekte Wahl für einen Frühstückssmoothie, da er voller Nährstoffe steckt – wie zum Beispiel Riboflavin, das helfen kann, den Energiestoffwechsel in den Zellen und im Gehirn anzukurbeln. Bei vielen Migränepatienten ist die Energiefunktion in diesen Bereichen beeinträchtigt. Sie können ersatzweise auch Grünkohl, Mangold oder ein anderes dunkles Blattgemüse verwenden, falls Sie diese lieber mögen oder gerade zufällig im Gefrierschrank haben. Wenn Sie frische Heidelbeeren nehmen, sollten Sie ein paar Eiswürfel hinzufügen, damit die Konsistenz angenehm dick wird.

1 Tasse gefrorene Heidelbeeren
1 Mango, geschält, entsteint und gehackt
½ Tasse Salatgurke, in Stücke geschnitten
2 Tassen Spinat
½ Tasse Wasser

1. In einem Mixer Heidelbeeren, Mango, Salatgurke, Spinat und Wasser pürieren, bis eine geschmeidige, dicke Konsistenz entsteht.
2. Den Smoothie auf 2 Gläser aufteilen und servieren.

PRO PORTION Kalorien: 125; Fett insgesamt: 1 g; gesättigte Fette: 0 g; Cholesterin: 0 mg; Kohlenhydrate insgesamt: 30 g; Ballaststoffe: 4 g; Eiweiß: 2 g

NUSSFREI VEGAN SCHNELL & EINFACH

Sonniger Karotten-Smoothie

PORTIONEN: 2 O VORBEREITUNGSZEIT: 5 MINUTEN

Dieser Smoothie liefert durch die Karotten und die reife Mango eine Menge Betacarotin. Mangos haben einen interessanten, aromatischen Geschmack, der in diesem hübschen Frühstücksgetränk perfekt zu Thymian passt. Außerdem sind sie eine hervorragende Quelle für die Vitamine A, B6 und C sowie für Ballaststoffe und Kalium. Bei der Auswahl einer Mango sollten Sie nicht nur auf die Farbe achten, sondern eine Frucht nehmen, die auf sanften Druck leicht nachgibt und am Stielende einen feinen Duft ausströmt. Zum Blanchieren von Gemüse kochen Sie es einfach in Wasser, bevor Sie es in Eiswasser legen.

2 große Karotten, geschält, in Stücke geschnitten und 5 Minuten blanchiert
1 Granny-Smith-Apfel, entkernt und in Stücke geschnitten
1 Mango, geschält, entsteint und in Stücke geschnitten
½ Salatgurke, in Stücke geschnitten
½ TL gehackter frischer Thymian
4 Eiswürfel

1. In einem Mixer Karotten, Apfel, Mango, Salatgurke und Thymian geschmeidig pürieren.
2. Eiswürfel hinzufügen und mixen, bis eine dicke, geschmeidige Konsistenz entsteht.
3. Den Smoothie auf 2 Gläser aufteilen und servieren.

PRO PORTION Kalorien: 161; Fett insgesamt: 1 g; gesättigte Fette: 0 g; Cholesterin: 0 mg; Kohlenhydrate insgesamt: 40 g; Ballaststoffe: 6 g; Eiweiß: 2 g

NUSSFREI VEGAN SCHNELL & EINFACH

Wassermelonen-Basilikum-Smoothie

PORTIONEN: 2 ○ VORBEREITUNGSZEIT: 15 MINUTEN

Dehydrierung kann zur Entstehung eines Migräneanfalls beitragen, und Wassermelonen haben einen sehr hohen Wassergehalt. Versuchen Sie, auch einen Teil des hellgrünen Fruchtfleisches zwischen der Schale und den roten Teilen der Melone zu verwenden, denn dieser Bereich enthält die meisten Antioxidantien. Keine Sorge: Diese grünen Abschnitte werden die Süße des Smoothies nicht beeinträchtigen. Den Weißkohl sollten Sie nicht durch Rotkohl ersetzen, denn dieser enthält Tannine, die eine Migräne auslösen können.

3 Tassen gewürfelte Wassermelone
½ Tasse Weißkohl
¼ Salatgurke, in Stücke geschnitten
2 EL gehacktes frisches Basilikum
4 oder 5 Eiswürfel

1. In einem Mixer Wassermelone, Weißkohl, Salatgurke und Basilikum geschmeidig pürieren.
2. Eiswürfel hinzufügen und mixen, bis eine dicke, geschmeidige Konsistenz entsteht.
3. Den Smoothie auf 2 Gläser aufteilen und servieren.

PRO PORTION Kalorien: 74; Fett insgesamt: 0 g; gesättigte Fette: 0 g; Cholesterin: 0 mg; Kohlenhydrate insgesamt: 18 g; Ballaststoffe: 2 g; Eiweiß: 2 g

NUSSFREI VEGAN SCHNELL & EINFACH

Buchweizenpfannkuchen mit Nektarinen

PORTIONEN: 4 ○ VORBEREITUNGSZEIT: 10 MINUTEN ○ GARZEIT: 20 MINUTEN

Vielleicht fragen Sie sich, wie eine Zutat, die den Begriff „Weizen“ in ihrem Namen trägt, glutenfrei sein kann, doch tatsächlich handelt es sich bei Buchweizen nicht um ein Getreide, sondern um ein Knöterichgewächs. Er ist in den meisten Lebensmittelläden erhältlich, insbesondere in den Bio-Abteilungen, und es gibt ihn in verschiedenen Farben. Sie können für dieses Rezept die helle oder die dunkle Sorte verwenden, doch das dunklere Mehl ist nährstoffreicher. Bewahren Sie Reste Ihres Buchweizenmehls in einem luftdicht abgeschlossenen Behälter im Kühlschrank auf.

2 Tassen Buchweizenmehl
½ Tasse Kartoffelstärke
2 TL Backpulver
½ TL Salz
2 Tassen ungesüßte Reismilch
¼ Tasse Kokosöl, geschmolzen
2 TL reiner Vanilleextrakt
Olivenöl-Antihaft-Kochspray
4 Tassen in Scheiben geschnittene Nektarinen, zum Servieren

1. In einer großen Schüssel Buchweizen, Kartoffelstärke, Backpulver und Salz mischen.
2. In einer kleinen Schüssel Milch, Öl und Vanille verquirlen.
3. Die flüssigen und die trockenen Zutaten miteinander verrühren, sodass ein geschmeidiger Teig entsteht.
4. Eine große Pfanne auf mittlerer bis hoher Stufe erhitzen und leicht mit Kochspray einsprühen.
5. Die Pfannkuchen gegebenenfalls portionsweise nacheinander backen. Jeweils etwa ¼ Tasse Teig pro Pfannkuchen in die Pfanne füllen, um 4 Pfannkuchen zu backen.
6. Etwa 3 Minuten backen, bis an der Oberfläche der Pfannkuchen Bläschen zu sehen sind.
7. Mit einem Pfannenwender die Pfannkuchen umdrehen und von der anderen Seite in ungefähr 2 Minuten goldbraun backen.
8. Mit dem restlichen Teig auf dieselbe Weise verfahren.
9. Pfannkuchen mit Nektarinen garniert servieren.

PRO PORTION Kalorien: 582; Fett insgesamt: 18 g; gesättigte Fette: 12 g; Cholesterin: 0 mg; Kohlenhydrate insgesamt: 91 g; Ballaststoffe: 15 g; Eiweiß: 12 g

NUSSFREI VEGETARISCH SCHNELL & EINFACH

Heidelbeer-Ricotta-Pfannkuchen

PORTIONEN: 4 ○ VORBEREITUNGSZEIT: 15 MINUTEN ○ GARZEIT: 15 MINUTEN

Ursprünglich wurde Ricotta in Italien aus der Molke hergestellt, die bei der Herstellung von Mozzarella oder Provolone übrigblieb. Dieser milde, süßliche Frischkäse wird heute aus pasteurisierter Milch unter Zusatz von Salz und Essig produziert. Häufig wird Ricotta mit Hüttenkäse verwechselt, doch es gibt große Unterschiede zwischen diesen beiden Milchprodukten. So enthält Ricotta beispielsweise fünf Mal mehr Kalzium als Hüttenkäse. Frische Früchte – wie die Heidelbeeren bei diesen goldbraunen Pfannkuchen – passen hervorragend zu dem cremigen, festen Ricotta.

1 Tasse Sorghummehl
1 Tasse Reismehl
1 EL Backpulver
7 g Stevia
¼ TL Meersalz
1 Tasse Ricotta
½ Tasse Sahne
2 Tassen frische Heidelbeeren
2 EL Kokosöl

1. In einer großen Schüssel Sorghummehl, Reismehl, Backpulver, Stevia und Salz gut mischen.
2. In einer kleinen Schüssel Ricotta und Sahne verrühren.
3. Die flüssigen und die trockenen Zutaten gut miteinander verrühren.
4. Die Heidelbeeren unterheben.
5. In einer großen Pfanne auf mittlerer bis hoher Stufe 1 EL Kokosöl erhitzen.
6. Jeweils ½ Tasse Teig pro Pfannkuchen in die Pfanne löffeln. Die Pfanne sollte groß genug für 4 Pfannkuchen sein.
7. Die Pfannkuchen etwa 4 Minuten backen, bis die Unterseite goldbraun ist und die Ränder fest werden.
8. Mit einem Pfannenwender die Küchlein umdrehen und von der anderen Seite in ungefähr 4 Minuten goldbraun backen.
9. Die Pfannkuchen auf einen Teller legen und mit dem restlichen EL Kokosöl und dem übrigen Teig auf dieselbe Weise verfahren.
10. Servieren.

PRO PORTION Kalorien: 506; Fett insgesamt: 19 g; gesättigte Fette: 13 g; Cholesterin: 40 mg; Kohlenhydrate insgesamt: 73 g; Ballaststoffe: 6 g; Eiweiß: 14 g

NUSSFREI VEGAN

Sellerie-Süßkartoffel-Reibekuchen

PORTIONEN: 5 ○ VORBEREITUNGSZEIT: 20 MINUTEN ○ GARZEIT: 30 MINUTEN

Wenn Sie feine, goldbraune Reibekuchen oder Puffer lieben, wird dieses Rezept vielleicht zu Ihrem neuen Lieblingsgericht werden. Der Trick bei der Herstellung eines perfekt geraspelten Gemüsereibekuchens besteht darin, ihn während des Bratens in Öl in Ruhe zu lassen, sodass unten eine knusprige Kruste entsteht und die Mitte gart, aber weich bleibt. Heben Sie die Reibekuchen nicht an, bevor die Ränder braun und fest werden.

1 Knollensellerie, geschält und geraspelt (etwa 6 Tassen)
2 kleine Süßkartoffeln, geschält und geraspelt (etwa 4 Tassen)
¼ Tasse gehackte Schalotten
2 EL Pfeilwurzelmehl
1 TL gehackter frischer Thymian
½ TL Meersalz
¼ TL frisch gemahlener schwarzer Pfeffer
Olivenöl-Antihaft-Kochspray
Kurz gebratene Äpfel oder Apfelmus, zum Servieren

1. Drücken Sie aus den Sellerie- und Süßkartoffelraspeln so viel Flüssigkeit wie möglich und füllen Sie die Raspeln gemeinsam in eine große Schüssel.
2. Schalotten, Pfeilwurzelmehl, Thymian, Salz und Pfeffer zu den Gemüseraspeln geben und alles gut verrühren.
3. Eine große Pfanne auf mittlerer Stufe erhitzen und großzügig mit Kochspray einsprühen.
4. 1 Tasse der geraspelten Gemüsemischung pro Reibekuchen in die Pfanne geben und mit einem Pfannenwender flachdrücken. Es sollten 3 Reibekuchen auf einmal in die Pfanne passen.
5. Die Reibekuchen etwa 5 Minuten backen, bis sie unten goldbraun und knusprig werden.
6. Mit einem Pfannenwender die Küchlein wenden und die andere Seite etwa 5 Minuten backen, bis sie goldbraun und knusprig ist.
7. Die fertigen Reibekuchen auf einen mit Küchenkrepp ausgelegten Teller legen.
8. Mit der restlichen geraspelten Gemüsemischung genauso verfahren.
9. Pro Person 2 Reibekuchen mit gebratenen Äpfeln oder Apfelmus belegen und servieren.

Vorteil für Ihre Gesundheit: Süßkartoffeln enthalten viel Magnesium, das Migräne entgegenwirkt, und sind ein wirkungsvolles Antioxidans. Außerdem ist die Gefahr sehr gering, dass sie irgendeine allergische Reaktion auslösen.

PRO PORTION Kalorien: 170; Fett insgesamt: 1 g; gesättigte Fette: 0 g; Cholesterin: 0 mg; Kohlenhydrate insgesamt: 39 g; Ballaststoffe: 6 g; Eiweiß: 4 g

NUSSFREI VEGAN

Frühstücksauflauf mit Butternusskürbis

PORTIONEN: 4 ○ VORBEREITUNGSZEIT: 15 MINUTEN ○ GARZEIT: 1 STUNDE, 20 MINUTEN

Nichts geht über einen verführerischen Auflauf, der schon am Abend zuvor vorbereitet und dann morgens ohne großen Aufwand gebacken werden kann. Wenn Sie ihn direkt aus dem Kühlschrank in den Backofen stellen wollen, sollten Sie die Backzeit um etwa 25 Minuten erhöhen, um sicherzustellen, dass alles gut durchgewärmt ist. Eine Handvoll geraspelter Grünkohl oder Spinat passt ebenfalls gut dazu, wenn Sie das Gericht um Magnesium anreichern wollen, das gegen Migräne wirkt.

1 Butternusskürbis (etwa 680 g), geschält, halbiert und entkernt
1 EL Kokosöl
1 Tasse gehackter Lauch, gewaschen
1 große Karotte, geraspelt
1 Granny-Smith-Apfel, geschält, entkernt und gehackt
½ TL Meersalz
¼ TL frisch gemahlener schwarzer Pfeffer
¼ TL geriebene Muskatnuss
Prise gemahlene Gewürznelken
1 Tasse ungesüßte Reismilch
Olivenöl-Antihaft-Kochspray

1. Den Backofen auf 180 °C vorheizen.
2. Eine Auflaufform (23 x 33 cm) leicht mit Kochspray einsprühen und beiseitestellen.
3. Die Hälften des Kürbisses längs in jeweils 4 Spalten schneiden. Die Spalten quer halbieren und die Stücke in eine große Schüssel füllen.
4. In einer großen Pfanne auf mittlerer bis hoher Stufe das Kokosöl erhitzen.
5. Den Lauch 5 Minuten braten, bis er weich ist. Beiseitestellen.
6. In die große Schüssel mit den Kürbisstücken Karotte, Apfel, Salz, Pfeffer, Muskatnuss und Gewürznelken hinzufügen, alles gut verrühren.
7. Die Hälfte der Kürbismischung in die Auflaufform füllen und gleichmäßig verteilen.
8. Die Kürbisschicht mit dem gegarten Lauch belegen. Die zweite Hälfte der Kürbismischung obendrauf verteilen.
9. Die Milch gleichmäßig auf die obere Schicht des Auflaufs gießen. Die Form mit Alufolie bedecken. 1 Stunde backen.
10. Die Alufolie entfernen und den Auflauf weitere 15 Minuten backen.
11. Vor dem Servieren den Auflauf 10 Minuten ruhen lassen.

PRO PORTION Kalorien: 149; Fett insgesamt: 4 g; gesättigte Fette: 3 g; Cholesterin: 0 mg; Kohlenhydrate insgesamt: 30 g; Ballaststoffe: 6 g; Eiweiß: 2 g

NUSSFREI

Hähnchen-Kürbis-Haschee

PORTIONEN: 4 O VORBEREITUNGSZEIT: 10 MINUTEN O GARZEIT: 30 MINUTEN

Möglicherweise finden Sie, dass Hähnchenfleisch zum Frühstück merkwürdig ist, doch viele Kulturen essen während der ersten Mahlzeit des Tages Geflügel. Auch bei einer Paleo-Diät ist es eine gängige Zutat. Wenn ein hektischer Tag vor Ihnen liegt, wird dieses eiweiß- und kohlenhydratreiche Gericht dafür sorgen, dass Sie für den ganzen Vormittag genügend Energie haben. Um Zeit zu sparen, können Sie Reste von gegartem Hähnchen vom Vorabend verwenden, statt das rohe Geflügel zu braten.

1 TL Kokosöl
680 g Hähnchenbrust ohne Knochen, ohne Haut, gewürfelt
1 Kürbis (etwa 900 g), geschält, entkernt und gewürfelt
1 rote Paprikaschote, gewürfelt
2 Frühlingszwiebeln, gehackt
1 TL gehackter frischer Thymian
¼ TL Meersalz
¼ TL frisch gemahlener schwarzer Pfeffer
2 Tassen geraspelter Grünkohl

1. Das Kokosöl in einer großen Pfanne auf mittlerer bis hoher Stufe erhitzen.
2. Das Hähnchenfleisch etwa 15 Minuten braten, bis es gar ist.
3. Kürbis, Paprikaschote, Frühlingszwiebeln, Thymian, Salz und Pfeffer hinzufügen und die Hitze auf mittlere Stufe reduzieren.
4. Unter ständigem Rühren etwa 10 Minuten braten, bis der Kürbis in sich zusammenfällt und durchgewärmt ist.
5. Den Grünkohl hinzufügen und etwa 5 Minuten braten, bis er in sich zusammenfällt.
6. Die Mischung auf 4 Schalen aufteilen und servieren.

Allergieanpassung: Falls Hähnchenfleisch bei Ihnen Migräne auslöst oder Sie sich vegetarisch beziehungsweise vegan ernähren, können Sie das Fleisch in diesem Rezept weglassen. Das Gericht schmeckt trotzdem köstlich.

PRO PORTION Kalorien: 395; Fett insgesamt: 8 g; gesättigte Fette: 1 g; Cholesterin: 146 mg; Kohlenhydrate insgesamt: 24 g; Ballaststoffe: 8 g; Eiweiß: 59 g

NUSSFREI

Einfache Putenfrikadellen

PORTIONEN: 4 ○ VORBEREITUNGSZEIT: 10 MINUTEN ○ GARZEIT: 24 MINUTEN

Die Herstellung von Frikadellen ist nicht schwierig: Es handelt sich einfach um eine Mischung aus Hackfleisch, Gewürzen und anderen Zutaten wie Gemüse oder Trockenfrüchte.
Diese Putenfrikadellen haben ein ausgeprägtes Kräuteraroma und enthalten sehr wenig Fett. Außerdem lassen sie sich ausgesprochen gut einfrieren, für den Fall, dass Sie die doppelte Portion braten wollen. Wenn Sie den Geschmack variieren möchten, können Sie auch einmal Hähnchen- oder Schweinehackfleisch beziehungsweise eine Kombination aus verschiedenen Fleischsorten probieren. Vielleicht stellen Sie ja statt der Frikadellen auch gerne Ihre eigene Wurst her, sodass Sie sich einen einfachen Fleischwolf und Wursthüllen kaufen, damit das Endprodukt noch traditioneller aussieht.

450 g Putenhackfleisch
½ Tasse geraspelte Karotte
1 EL gehackte Schalotten
1 EL gehackte frische Petersilie
¼ TL Meersalz
⅛ TL frisch gemahlener schwarzer Pfeffer
Prise gemahlene Gewürznelken
Olivenöl-Antihaft-Kochspray

1. In einer großen Schüssel Putenhackfleisch, Karotte, Schalotten, Petersilie, Salz, Pfeffer und Gewürznelken gut mischen.
2. Die Fleischmischung in 8 gleiche Portionen teilen und daraus 1,2 cm dicke Frikadellen formen.
3. Eine große Pfanne auf mittlerer bis hoher Stufe erhitzen und großzügig mit Kochspray einsprühen.
4. 4 Frikadellen gleichzeitig etwa 6 Minuten pro Seite braten, bis sie durchgegart und goldbraun sind. Währenddessen einmal wenden. Die fertigen Frikadellen auf einen mit Küchenkrepp ausgelegten Teller legen.
5. Die Pfanne mit Kochspray einsprühen und die restlichen 4 Frikadellen braten.
6. 2 Frikadellen pro Person servieren.

PRO PORTION Kalorien: 229; Fett insgesamt: 13 g; gesättigte Fette: 2 g; Cholesterin: 116 mg; Kohlenhydrate insgesamt: 2 g; Ballaststoffe: 0 g; Eiweiß: 31 g

Kapitel 7

Suppen und Salate

NUSSFREI VEGAN SCHNELL & EINFACH

Rosenkohlsalat mit Kräutern

PORTIONEN: 4 ○ VORBEREITUNGSZEIT: 15 MINUTEN

Rosenkohl ist ein selten verwendetes Gemüse, das zu Unrecht in dem Ruf steht, nicht gut zu schmecken. Die meisten Menschen mögen diese Kohlart nicht, weil sie sie nur in zerkochtem Zustand kennen. Wird Rosenkohl zu lange gegart, entwickelt er einen schwefeligen Geruch, der abstoßend sein kann und noch lange in der Luft liegt, wenn das Gemüse bereits weggeräumt worden ist. Für diesen Salat wird der Rosenkohl roh verwendet, sodass Sie ausschließlich das angenehme, frische Kohlaroma schmecken werden. Achten Sie darauf, den fein gehobelten Rosenkohl sorgfältig unter kaltem Wasser zu putzen, da sich häufig Erde und Sand zwischen die dichten Blätter setzen.

Für den Salat

900 g Rosenkohl

1 Frühlingszwiebel, gehackt

¼ Tasse gehackte frische Petersilie

1 EL gehackter frischer Koriander

1 TL gehackter frischer Thymian

Für die Vinaigrette

3 EL geschmolzenes Kokosöl

1 EL heller Essig

½ TL körniger Senf

Prise Meersalz

Prise frisch gemahlener schwarzer Pfeffer

Zubereitung des Salats

1. Mit einem Sparschäler oder Gemüsehobel den Rosenkohl in einer großen Schüssel fein raspeln.
2. Frühlingszwiebeln, Petersilie, Koriander und Thymian hinzufügen. Gut mischen.

Zubereitung der Vinaigrette

1. In einer kleinen Schüssel Öl, Essig, Senf, Salz und Pfeffer miteinander verquirlen.
2. Die Vinaigrette über die Rosenkohl-Mischung träufeln und die Schüssel schwenken, damit das Gemüse gleichmäßig bedeckt wird. Sofort servieren.

PRO PORTION Kalorien: 190; Fett insgesamt: 11 g; gesättigte Fette: 9 g; Cholesterin: 0 mg; Kohlenhydrate insgesamt: 21 g; Ballaststoffe: 9 g; Eiweiß: 8 g

NUSSFREI VEGAN SCHNELL & EINFACH

Grüner Krautsalat

PORTIONEN: 4 ○ VORBEREITUNGSZEIT: 25 MINUTEN

Knackige Yambohne, nach Anis duftender Fenchel und frischer Chinakohl werden hier zu einer pastellfarbenen Mischung kombiniert, die durch leuchtend grüne Petersilie verfeinert wird. Sie können diesen Krautsalat bereits am Vorabend zubereiten, sodass die Aromen Zeit haben, sich gut zu mischen.

Für den Salat

1 kleine Yambohne, geschält und geraspelt
½ kleine Fenchelknolle, geraspelt
¼ Kopf Chinakohl, ohne Strunk und geraspelt
1 Frühlingszwiebel, gehackt
1 EL gehackte frische Petersilie
Meersalz
Frisch gemahlener schwarzer Pfeffer

Für das Dressing

¼ Tasse geschmolzenes Kokosöl
2 EL heller Essig
7 g Stevia
1 TL gemahlener Kreuzkümmel

Zubereitung des Dressings

1. In einer kleinen Schüssel Öl, Essig, Stevia und Kreuzkümmel miteinander verquirlen.
2. Beiseitestellen.

Zubereitung des Salats

1. In einer großen Schüssel Yambohne, Fenchel, Kohl, Frühlingszwiebeln und Petersilie mischen.
2. Das Dressing darüber träufeln und umrühren, damit das Gemüse bedeckt ist.
3. Den Salat mit Salz und Pfeffer würzen und servieren.

PRO PORTION Kalorien: 209; Fett insgesamt: 14 g; gesättigte Fette: 12 g; Cholesterin: 0 mg; Kohlenhydrate insgesamt: 20 g; Ballaststoffe: 11 g; Eiweiß: 3 g

NUSSFREI VEGAN SCHNELL & EINFACH

Yambohnen-Melonen-Salat mit Gurken-Dressing

PORTIONEN: 4 O VORBEREITUNGSZEIT: 30 MINUTEN

Salate müssen nicht nur Gemüse enthalten, auch wenn das Dressing eher würzig als süß ist. Die süße Melone wird in dem hellgrünen Dressing durch den zitronigen Geschmack des Korianders und die sanfte Schärfe von Frühlingszwiebeln ergänzt. Wassermelone würde zu diesem hübschen Salat auch gut passen, wenn Sie deren Geschmack bevorzugen. Das Dressing schmeckt einfach himmlisch, wenn Sie die Koriandersamen selbst im Mörser oder in einer sauberen Kaffeemühle mahlen, nachdem Sie sie zuvor in einer Pfanne auf niedriger Stufe leicht geröstet haben.

Für den Salat

1 kleine Yambohne, geschält und geraspelt
2 Tassen Cantaloupe-Melone, fein gewürfelt
2 Tassen Honigmelone, fein gewürfelt
1 rote Paprikaschote, gewürfelt
2 Frühlingszwiebeln, in dünne Scheiben geschnitten
Meersalz
Frisch gemahlener schwarzer Pfeffer

Für das Dressing

½ Salatgurke, in Stücke geschnitten
7 g Stevia
1 TL heller Essig
1 TL gemahlene Koriandersamen

Zubereitung des Dressings

1. In einem Mixer Salatgurke, Stevia, Essig und Koriander zusammen pürieren.
2. Beiseitestellen.

Zubereitung des Salats

1. In einer großen Schüssel Yambohne, Cantaloupe-Melone, Honigmelone, Paprikaschote und Frühlingszwiebeln mischen.
2. Das Dressing darüberträufeln und die Schüssel schwenken, damit alle Zutaten gleichmäßig bedeckt sind.
3. Den Salat mit Salz und Pfeffer würzen und servieren.

Allergieanpassung: Nachtschattengewächse können für Menschen mit Autoimmunerkrankungen oder bestimmten Unverträglichkeiten problematisch sein. Falls Sie Nachtschattengewächse nicht vertragen, lassen Sie die rote Paprikaschote weg.

PRO PORTION Kalorien: 137; Fett insgesamt: 1 g; gesättigte Fette: 0 g; Cholesterin: 0 mg; Kohlenhydrate insgesamt: 32 g; Ballaststoffe: 11 g; Eiweiß: 3 g

NUSSFREI SCHNELL & EINFACH

Waldorfsalat

PORTIONEN: 4 ○ VORBEREITUNGSZEIT: 20 MINUTEN

Traditionell und einfach kann am besten sein, wenn es um eine große Portion Salat an einem warmen Sommertag geht. Der Walddorfsalat ist eine kulinarische Institution, die der Chefkoch des New Yorker Hotels Waldorf Astoria 1896 kreierte. Variationen dieses Salats findet man in jeder Stadt Nordamerikas und auch in vielen anderen Ländern. Diese frischere Version enthält keine Walnüsse oder Mayonnaise, da sie Migräne auslösen können, aber die Hähnchenbrust liefert Substanz und zusätzliches Aroma.

2 Granny-Smith-Äpfel, entkernt und gehackt
1 TL heller Essig
6 Stangen Sellerie, gehackt
2 Tassen halbierte helle Weintrauben
450 g gegarte Hähnchenbrust ohne Knochen, ohne Haut, gehackt
3 Tassen geraspelter Grünkohl

1. In einer großen Schüssel Äpfel und Essig mischen, bis die Apfelstücke gut bedeckt sind.
2. Sellerie, Weintrauben, Hähnchen und Grünkohl unterrühren.
3. Den Salat schwenken, damit sich die Zutaten mischen, und servieren.

Vorteil für Ihre Gesundheit: Sellerie enthält eine große Menge eines Flavons namens Luteolin, das Entzündungen im Gehirn reduzieren kann. Außerdem ist Sellerie reich an Wasser und wirkt so Dehydrierung entgegen, die Migräne auslösen kann.

PRO PORTION Kalorien: 315; Fett insgesamt: 4 g; gesättigte Fette: 0 g; Cholesterin: 97 mg; Kohlenhydrate insgesamt: 32 g; Ballaststoffe: 4 g; Eiweiß: 39 g

NUSSFREI VEGAN SCHNELL & EINFACH

Melonen-Gazpacho mit Basilikum

PORTIONEN: 4 O VORBEREITUNGSZEIT: 15 MINUTEN

Elegant, rosa und voller frischer Aromen – diese Suppe eignet sich perfekt als besonderes Gericht für einen Brunch oder auch als Vorspeise bei einer Party. Bereiten Sie die Suppe am Vortag zu, damit die Aromen Zeit haben, sich zu entwickeln, und füllen Sie sie in besondere Schalen, die Sie, wenn möglich, mit blühenden Kräutern aus Ihrem Garten verzieren. Die Blüten von Schnittlauch, Lavendel, Thymian und Oregano liefern die schönsten Farbakzente für diese Suppe. Verwenden Sie Bio-Kräuter oder selbst gezogene Pflanzen, die nicht mit Pestiziden belastet sind, da diese Migräne verursachen könnten.

4 Tassen gewürfelte Wassermelone
1 Tasse gewürfelte Cantaloupe-Melone
½ Salatgurke, geschält und gewürfelt
1 rote Paprikaschote, gehackt
1 Frühlingszwiebel, weiße und grüne Teile, gehackt
¼ Tasse gehacktes frisches Basilikum
1 EL gehackte frische Petersilie
Meersalz
Frisch gemahlener schwarzer Pfeffer
Basilikumblätter, zum Garnieren

1. In einer Küchenmaschine oder einem Mixer Wassermelone, Cantaloupe-Melone, Salatgurke, Paprikaschote, Frühlingszwiebel, Basilikum und Petersilie pürieren, bis die Konsistenz einer dicken Suppe entsteht.
2. Die Suppe mit Salz und Pfeffer würzen und bis zum Servieren in einem luftdicht abschließenden Behälter im Kühlschrank aufbewahren.
3. Mit Basilikumblättern bestreut servieren.

PRO PORTION Kalorien: 76; Fett insgesamt: 0 g; gesättigte Fette: 0 g; Cholesterin: 0 mg; Kohlenhydrate insgesamt: 18 g; Ballaststoffe: 2 g; Eiweiß: 2 g

NUSSFREI

Grünkohl-Kräuter-Suppe

PORTIONEN: 4 O VORBEREITUNGSZEIT: 15 MINUTEN O GARZEIT: 20 MINUTEN

In Regionen der Welt, in denen die Menschen magnesiumreiche Nahrung zu sich nehmen, kommt Migräne relativ selten vor. Eine magnesiumreiche Ernährung kann helfen, die Häufigkeit von Migräneattacken zu reduzieren – deshalb sind der Mangold und der Grünkohl in dieser Suppe eine perfekte Wahl. Spinat und Brunnenkresse würden auch die erforderlichen Mineralstoffe und Aroma liefern. Diese dunklen Blattgemüsesorten enthalten viel Magnesium und Kalzium, das ebenfalls ein wichtiger Mineralstoff zur Erleichterung von Migräne ist.

1 EL Kokosöl
½ Tasse gehackter Lauch
140 g Grünkohl, gewaschen und gehackt
140 g Mangold, gewaschen und gehackt
4 ¼ Tassen Einfacher Hühnerfond (Seite 200)
1 TL gehackter frischer Thymian
1 TL gehacktes frisches Basilikum
½ TL gehackter frischer Oregano
2 EL Pfeilwurzelmehl
½ Tasse Sahne, optional
Meersalz
Frisch gemahlener schwarzer Pfeffer

1. In einem großen Topf auf mittlerer bis hoher Stufe das Kokosöl erhitzen.
2. Den Lauch darin etwa 4 Minuten anbraten, bis er gar ist.
3. Grünkohl, Mangold und 4 Tassen des Einfachen Hühnerfonds hinzufügen und die Mischung zum Kochen bringen.
4. Die Hitze auf niedrige Stufe reduzieren und die Suppe etwa 10 Minuten köcheln lassen, bis das Blattgemüse zart ist.
5. Thymian, Basilikum und Oregano unterrühren und 2 weitere Minuten köcheln lassen.
6. Die Suppe in einen Mixer füllen oder einen Stabmixer verwenden, um sie fein zu pürieren.
7. Die Suppe wieder in den Topf füllen.
8. In einer kleinen Schüssel die restliche ¼ Tasse des Einfachen Hühnerfonds mit dem Pfeilwurzelmehl verquirlen.
9. Die Mischung zur Suppe gießen und alles gut verrühren.
10. Die Suppe auf mittlerer Stufe zum Köcheln bringen und etwa 3 Minuten erhitzen, bis sie eindickt.
11. Gegebenenfalls die Sahne unterrühren. Mit Salz und Pfeffer würzen und servieren.

PRO PORTION Kalorien: 126; Fett insgesamt: 10 g; gesättigte Fette: 7 g; Cholesterin: 21 mg; Kohlenhydrate insgesamt: 9 g; Ballaststoffe: 2 g; Eiweiß: 3 g

NUSSFREI

Brokkolisuppe mit Reis

PORTIONEN: 4 ○ VORBEREITUNGSZEIT: 20 MINUTEN ○ GARZEIT: 20 MINUTEN

Manche Suppen sind dafür gedacht, sie in eine warme Decke eingehüllt zu genießen und eine Menge knuspriges Brot in die aromatische Brühe zu tunken. Der Reis in dieser duftenden Suppe liefert eine herzhafte Konsistenz, die Fleisch oder Sahne überflüssig macht. Wenn Sie gegarten Reis statt rohem verwenden, reduziert sich die Zubereitungszeit beträchtlich, sodass Sie dieses Gericht rasch genießen können. Gekochter Reis hält sich gut in verschlossenen Frischhaltebeuteln: Also können Sie zu Beginn der Woche eine große Portion kochen, um ihn dann für andere Rezepte zu verwenden. Falls Sie sich eine vegetarische oder vegane Version dieses Gerichts wünschen, verwenden Sie statt des Hühnerfonds glutenfreie Gemüsebrühe.

1 EL Kokosöl
2 Stangen Sellerie, gehackt
¼ Tasse gehackte Schalotten
4 Tassen kleine Brokkoliröschen
1 Kartoffel, geschält und gehackt
8 Tassen Einfacher Hühnerfond (Seite 200)
¼ Tasse gehackte frische Petersilie
2 TL gehackter frischer Thymian
Meersalz
Frisch gemahlener schwarzer Pfeffer
4 Tassen in feine Streifen geschnittener Spinat
1 Tasse gegarter Reis

1. In einem großen Topf auf mittlerer bis hoher Stufe das Kokosöl erhitzen.
2. Darin Sellerie und Schalotten 3 Minuten braten, bis sie weich sind.
3. Brokkoli, Kartoffel, Einfachen Hühnerfond, Petersilie und Thymian hinzufügen.
4. Die Suppe zum Kochen bringen; dann die Hitze auf niedrige Stufe reduzieren und die Suppe etwa 10 Minuten köcheln lassen, bis das Gemüse weich ist.
5. Die Suppe in eine Küchenmaschine oder einen Mixer füllen, fein pürieren und wieder in den Topf füllen.
6. Die Hitze auf mittlere Stufe erhöhen. Die Suppe mit Salz und Pfeffer würzen, dann Spinat und Reis unterrühren.
7. Etwa 4 Minuten kochen, bis der Spinat in sich zusammenfällt und der Reis durchgewärmt ist. Dann servieren.

Vorteil für Ihre Gesundheit: Spinat enthält eine Menge Nährstoffe, die Migräne bekämpfen, wie zum Beispiel die Vitamine B12 und D sowie Kalzium. Nehmen Sie dieses dunkle Blattgemüse mindestens drei Mal pro Woche in Ihren Speiseplan auf.

PRO PORTION Kalorien: 300; Fett insgesamt: 5 g; gesättigte Fette: 3 g; Cholesterin: 0 mg; Kohlenhydrate insgesamt: 56 g; Ballaststoffe: 5 g; Eiweiß: 9 g

NUSSFREI

Lauch-Pastinaken-Suppe

PORTIONEN: 4 **O** VORBEREITUNGSZEIT: 20 MINUTEN **O** GARZEIT: 30 MINUTEN

Pastinaken sehen wie weiße Karotten mit weniger leuchtendem Grün aus und haben einen guten, erdigen Eigengeschmack. Pastinaken sind mit Karotten und Petersilie verwandt, weisen aber ein süßeres Aroma auf und wurden als Süßungsmittel verwendet, bevor Rohrzucker verfügbar war. Dieses Wurzelgemüse enthält viel Vitamin B, C, E und K sowie Kalium, Magnesium und Mangan. Wählen Sie feste Pastinaken, die sich nicht biegen lassen und keine braunen oder weichen Stellen haben, um sicherzugehen, dass Sie ein frisches Produkt haben.

1 EL Kokosöl
4 Stangen Lauch, hellgrüne und weiße Teile, gehackt und gewaschen
4 Pastinaken, geschält und in Stücke geschnitten
1 Kartoffel, geschält und gehackt
3 Tassen Einfacher Hühnerfond (Seite 200)
½ Tasse Sahne
½ TL geriebene Muskatnuss
Meersalz
Frisch gemahlener schwarzer Pfeffer

1. In einem großen Topf auf mittlerer bis hoher Stufe das Kokosöl erhitzen.
2. Darin den Lauch etwa 3 Minuten braten, bis er weich ist.
3. Pastinake, Kartoffel und Einfachen Hühnerfond hinzufügen und die Suppe zum Kochen bringen.
4. Die Hitze auf niedrige Stufe reduzieren und die Suppe etwa 25 Minuten köcheln lassen, bis das Gemüse weich ist.
5. Die Suppe in eine Küchenmaschine oder einen Mixer füllen und fein pürieren.
6. Dann die Suppe wieder in den Topf füllen, Sahne und Muskatnuss unterrühren.
7. Mit Salz und Pfeffer würzen und servieren.

PRO PORTION Kalorien: 277; Fett insgesamt: 10 g; gesättigte Fette: 7 g; Cholesterin: 21 mg; Kohlenhydrate insgesamt: 45 g; Ballaststoffe: 9 g; Eiweiß: 5 g

NUSSFREI

Kichererbsen-Grünkohl-Suppe

PORTIONEN: 4 ○ VORBEREITUNGSZEIT: 20 MINUTEN ○ GARZEIT: 40 MINUTEN

Kichererbsen sind reich an Eiweiß, Ballaststoffen, Eisen und Phosphor. Diese herzhafte Hülsenfrucht gilt nicht als Migränetrigger.

1 EL Kokosöl
3 Frühlingszwiebeln, gehackt
2 Stangen Sellerie, in Scheiben geschnitten
4 Tassen Einfacher Hühnerfond (Seite 200)
1½ Tassen Kichererbsen, abgespült und gut abgetropft
1 Karotte, geschält und gewürfelt
1 Süßkartoffel, geschält und gewürfelt
1 Lorbeerblatt
2 TL gemahlener Kreuzkümmel
1 TL gemahlene Koriandersamen
2 locker gefüllte Tassen geraspelte Grünkohlblätter
Meersalz
Frisch gemahlener schwarzer Pfeffer

1. In einem großen Topf auf mittlerer bis hoher Stufe das Kokosöl erhitzen.
2. Darin Frühlingszwiebeln und Sellerie etwa 4 Minuten braten, bis sie gar sind.
3. Einfachen Hühnerfond, Kichererbsen, Karotte, Süßkartoffel, Lorbeerblatt, Kreuzkümmel und Koriander hinzufügen. Die Suppe zum Kochen bringen. Die Hitze auf niedrige Stufe reduzieren und die Suppe 25 bis 30 Minuten köcheln lassen, bis das Gemüse und die Kichererbsen weich sind.
4. Das Lorbeerblatt entfernen und den Grünkohl unterrühren. Etwa 4 Minuten köcheln lassen, bis der Grünkohl in sich zusammenfällt.
5. Mit Salz und Pfeffer würzen und servieren.

Allergieanpassung: Der Hühnerfond kann in dieser farbenfrohen Suppe durch Gemüsebrühe ersetzt werden, wenn das Gericht vegan oder vegetarisch sein soll. Verwenden Sie entweder selbst gemachte Brühe oder ein Produkt, das keine große Menge an Zusatzstoffen enthält.

PRO PORTION Kalorien: 205; Fett insgesamt: 7 g; gesättigte Fette: 3 g; Cholesterin: 0 mg; Kohlenhydrate insgesamt: 28 g; Ballaststoffe: 6 g; Eiweiß: 9 g

NUSSFREI

Hühnersuppe mit Weißkohl

PORTIONEN: 4 ○ VORBEREITUNGSZEIT: 15 MINUTEN ○ GARZEIT: 40 MINUTEN

Wenn Sie noch Reste von Hähnchenfleisch haben, die am Sonntag beim Abendessen übriggeblieben sind, sollten Sie diese einfache Suppe voller Gemüse und frischer Kräuter probieren. Sie können sogar die Knochen des Geflügels verwenden, um den Fond für diese gesunde Suppe zuzubereiten, falls Sie vorausplanen können. Die Knochen eines Hähnchens sollten genau die richtige Menge an Fond für diese Suppe liefern – und das ist dann auch eine gesündere Option als der Kauf eines Fertigprodukts. Jede beliebige Gemüsesorte ist möglich: Verwenden Sie also, was auch immer Ihr Kühlschrank zu bieten hat, und genießen Sie das Ergebnis.

2 EL Kokosöl
2 Stangen Lauch, weiße und hellgrüne Teile, gehackt und gewaschen
1 Stange Sellerie, gehackt
4 Tassen geraspelter Weißkohl
2 Karotten, in Scheiben geschnitten
8 Tassen Einfacher Hühnerfond (Seite 200)
2 Lorbeerblätter
2 Tassen gegartes und gehacktes Hähnchenfleisch
2 TL gehackter frischer Thymian
Meersalz
Frisch gemahlener schwarzer Pfeffer

1. In einem großen Topf auf mittlerer bis hoher Stufe das Kokosöl erhitzen.
2. Darin Lauch und Sellerie etwa 3 Minuten braten, bis das Gemüse weich ist.
3. Weißkohl, Karotten, Einfachen Hühnerfond und Lorbeerblätter hinzufügen. Die Suppe zum Kochen bringen.
4. Die Hitze auf niedrige Stufe reduzieren und die Suppe etwa 25 Minuten köcheln lassen, bis das Gemüse weich ist.
5. Hähnchenfleisch und Thymian hinzufügen. Etwa 5 Minuten köcheln lassen, bis das Hähnchen durchgewärmt ist.
6. Lorbeerblätter entfernen, mit Salz und Pfeffer würzen und servieren.

PRO PORTION Kalorien: 243; Fett insgesamt: 10 g; gesättigte Fette: 7 g; Cholesterin: 54 mg; Kohlenhydrate insgesamt: 15 g; Ballaststoffe: 4 g; Eiweiß: 24 g

Kapitel 8

Hauptgerichte mit Fleisch oder Fisch

NUSSFREI

Heilbutt mit Paprikaschoten-Salsa

PORTIONEN: 4 • VORBEREITUNGSZEIT: 25 MINUTEN • GARZEIT: 15 MINUTEN

Kaltwasserfisch wie Heilbutt ist sehr reich an Omega-3-Fettsäuren, die Migräne verursachende Entzündungen reduzieren und helfen, die Verengung von Blutgefäßen zu verhindern. Wählen Sie festen Fisch mit sehr geringem Fischgeruch und hellen Schuppen, sofern die Haut sich noch auf den Filets befindet. Wenn Sie den Fisch leicht mit Ihren Fingerspitzen eindrücken, sollte das Fleisch nur sehr wenig nachgeben. Bitten Sie immer darum, sich den Fisch genau ansehen zu dürfen, bevor der Händler ihn einpackt.

Für die Salsa

1 rote Paprikaschote, halbiert und entkernt

1 orangefarbene Paprikaschote, halbiert und entkernt

1 EL geschmolzenes Kokosöl

½ Salatgurke, geschält und gehackt

½ Mango, geschält, entsteint und gehackt

1 EL heller Essig

1 TL gehacktes frisches Basilikum

1 TL gehackter frischer Oregano

Für den Fisch

4 Heilbutt-Filets (à 170 g)

1 EL Kokosöl, geschmolzen

Meersalz

Frisch gemahlener schwarzer Pfeffer

Zubereitung der Salsa

1. Die Grillfunktion des Backofens vorheizen.
2. In einer kleinen Edelstahlschüssel die roten und orangefarbenen Paprikaschotenhälften mit dem Öl mischen. Die Paprikaschoten auf ein Backblech legen.
3. Die Paprikaschotenhälften insgesamt 6 Minuten grillen, bis sie leicht verkohlt und weich sind; dabei einmal wenden.
4. Die Paprikaschoten aus dem Backofen holen und wieder in die Schüssel legen. Die Schüssel dicht mit Frischhaltefolie abdecken und 10 Minuten beiseitestellen.
5. Die Paprikaschotenhälften aus der Schüssel nehmen und die Haut abziehen. Paprikaschoten hacken und in eine kleine Schüssel füllen.
6. Salatgurke, Mango, Essig, Basilikum und Oregano hinzufügen und verrühren.
7. Beiseitestellen.

Zubereitung des Fisches

1. Die Hitze des Backofens auf 180 °C reduzieren.
2. Ein kleines Backblech mit Alufolie auslegen.
3. Die Fischfilets auf das Backblech legen und mit dem Kokosöl beträufeln.
4. Den Fisch leicht mit Salz und Pfeffer würzen und etwa 5 Minuten pro Seite backen, bis er gar ist und das Fleisch sich leicht mit einer Gabel teilen lässt, dabei einmal wenden.
5. Die Salsa über den Fisch löffeln und servieren.

PRO PORTION Kalorien: 256; Fett insgesamt: 8 g; gesättigte Fette: 6 g; Cholesterin: 30 mg; Kohlenhydrate insgesamt: 14 g; Ballaststoffe: 3 g; Eiweiß: 31 g

NUSSFREI SCHNELL & EINFACH

Altmodischer „Backfisch"

PORTIONEN: 4 ○ VORBEREITUNGSZEIT: 20 MINUTEN ○ GARZEIT: 10 MINUTEN

Wenn Sie eine dicke Teigschicht nach englischer Art erwarten, wird diese leichte, knusprige Panade Sie überraschen. Die Vielfalt der Gewürze im Teig sorgt für eine angenehme Schärfe und betont das milde Aroma des Goldbarschs gut. Sie können für dieses Rezept auch einen anderen festen Fisch mit weißem Fleisch verwenden wie Heilbutt oder Kabeljau, wenn Sie deren Geschmack bevorzugen. Falls ein kleiner Extrakick gewünscht wird, können Sie eine Prise Gewürznelken, Koriander oder Piment verwenden, die das Aroma dieses einfachen Gerichts gut abrunden.

1170 g Goldbarsch-Filet ohne Gräten, ohne Haut, in 4 gleiche Stücke geschnitten
½ Tasse Reismehl
¼ TL Paprikapulver
Prise geriebene Muskatnuss
Prise Chiliflocken
Prise Zimtpulver
Prise gemahlener Kardamom
Prise Meersalz
Prise frisch gemahlener schwarzer Pfeffer
¼ Tasse Sahne
2 EL Kokosöl

1. Den Fisch mit kaltem Wasser abspülen und mit Küchenpapier ganz trockentupfen.
2. In einer kleinen Schüssel Reismehl, Paprika, Muskatnuss, Chiliflocken, Zimt, Kardamom, Salz und Pfeffer gut verrühren.
3. Die Sahne in eine andere kleine Schale füllen und neben die Mehlmischung stellen.
4. Ein Fischfilet mit der Mehlmischung bestäuben, überschüssiges Mehl abschütteln.
5. Das Filet in die Sahne tauchen, überschüssige Flüssigkeit abschütteln.
6. Den Fisch erneut in die Mehlmischung tunken, um ihn komplett damit zu bedecken, dann beiseitestellen.
7. Mit den restlichen Fischfilets auf dieselbe Weise verfahren.
8. In einer großen Pfanne auf mittlerer bis hoher Stufe das Kokosöl erhitzen.
9. Sobald das Öl heiß ist, die Fischfilets in die Pfanne legen und etwa 5 Minuten braten, bis der Fisch goldbraun und knusprig ist.
10. Mit einem Pfannenwender die Fischfilets wenden. Von der anderen Seite etwa 5 Minuten braten, bis diese ebenfalls goldbraun und der Fisch vollständig gegart ist.
11. Sofort servieren.

Allergieanpassung: Wenn Capsicum (Chili) bei Ihnen zu den Migränetriggern zählt, lassen Sie die Chiliflocken weg. Schon eine kleine Menge kann problematisch sein.

PRO PORTION Kalorien: 273; Fett insgesamt: 12 g; gesättigte Fette: 10 g; Cholesterin: 20 mg; Kohlenhydrate insgesamt: 16 g; Ballaststoffe: 1 g; Eiweiß: 22 g

NUSSFREI

Tilapia aus dem Ofen mit Pak Choi und Spinat

PORTIONEN: 4 ○ VORBEREITUNGSZEIT: 20 MINUTEN ○ GARZEIT: 20 MINUTEN

Bei Fisch, der in einem Päckchen aus Alufolie oder Backpapier gebacken wird, geht kein Tropfen des aromatischen Safts verloren. Das Gemüsebett unter den Filets liefert für das Gericht eine schnelle Beilage aus gedünstetem Spinat und Pak Choi. Sie können auch in dünne Scheiben geschnittene Karotten oder geraspelte Süßkartoffeln hinzufügen, um noch etwas mehr Farbe ins Spiel zu bringen.

2 Tassen geraspelter Pak Choi
2 Tassen gehackter Spinat
2 Frühlingszwiebeln, gehackt
2 TL gehackter frischer Thymian
4 Tilapia-Filets ohne Gräten (à 230 g)
Meersalz
Frisch gemahlener schwarzer Pfeffer
4 TL Wasser
2 TL Kokosöl, geschmolzen

1. Den Backofen auf 200 °C vorheizen.
2. 4 Stücke Alufolie von etwa 30 cm Länge bereitlegen.
3. Jeweils ½ Tasse Pak Choi und Spinat, ¼ der Frühlingszwiebeln und ½ TL Thymian in die Mitte jedes Alufolienstücks geben.
4. Je ein Fischfilet auf jeden Gemüsestapel legen. Den Fisch mit Salz und Pfeffer würzen.
5. Fisch und Gemüse bei jedem Päckchen mit 1 TL Wasser und ½ TL Kokosöl beträufeln. Dann die Folie nach oben falten, sodass lose Päckchen entstehen.
6. Die Päckchen auf ein Backblech legen. Etwa 20 Minuten backen, bis der Fisch gar ist.
7. Die Päckchen vorsichtig öffnen und servieren.

PRO PORTION Kalorien: 283; Fett insgesamt: 11 g; gesättigte Fette: 5 g; Cholesterin: 113 mg; Kohlenhydrate insgesamt: 3 g; Ballaststoffe: 2 g; Eiweiß: 44 g

NUSSFREI

Lachs mit Lauch-Sahne-Soße

PORTIONEN: 4 ○ VORBEREITUNGSZEIT: 15 MINUTEN ○ GARZEIT: 20 MINUTEN

Lachs ist bei den meisten Hobbyköchen sehr beliebt, da er leicht zuzubereiten und relativ preiswert ist, solange man keinen mit der Angel gefangenen Königslachs kauft. Halten Sie nach Wildfang von Pazifiklachs aus Kanada oder Alaska Ausschau, um eine Quecksilberbelastung und Probleme mit Verstrahlung zu vermeiden. Das feste Fleisch des Lachses profitiert vom Pochieren in dieser cremigen Kräutersoße. Verwenden Sie eine Grillzange, um die Lachsstücke komplett in die Soße tauchen zu können und so für ein gleichmäßiges Garen zu sorgen; es soll kein Teil des Fisches aus der Soße herausragen.

1 EL Kokosöl
4 Stangen Lauch, weiße und hellgrüne Teile, in dünne Scheiben geschnitten
½ Tasse Einfacher Hühnerfond (Seite 200)
1 Tasse Sahne
680 g Lachsfilet, der Breite nach in 2,5 cm breite Stücke geschnitten
1 TL gehackter frischer Thymian
Meersalz
Frisch gemahlener schwarzer Pfeffer

1. In einer großen Pfanne auf mittlerer bis hoher Stufe das Kokosöl erhitzen.
2. Den Lauch darin etwa 5 Minuten braten, bis er gar ist.
3. Einfachen Hühnerfond und Sahne hinzufügen und die Mischung zum Kochen bringen.
4. Die Lachsstücke nebeneinander in die Flüssigkeit legen und die Hitze auf niedrige bis mittlere Stufe reduzieren. Etwa 7 Minuten köcheln lassen, bis der Lachs gerade durchgegart ist.
5. Die Lachsstücke auf 4 Teller aufteilen und den Thymian in die Lauch-Sahne-Soße rühren.
6. Die Soße mit Salz und Pfeffer würzen, über den Lachs löffeln und servieren.

PRO PORTION Kalorien: 414; Fett insgesamt: 25 g; gesättigte Fette: 11 g; Cholesterin: 16 mg; Kohlenhydrate insgesamt: 14 g; Ballaststoffe: 2 g; Eiweiß: 45 g

NUSSFREI

Jambalaya

PORTIONEN: 6 ○ VORBEREITUNGSZEIT: 20 MINUTEN ○ GARZEIT: 1 STUNDE, 5 MINUTEN

Jambalaya ist ein bescheidenes Gericht, das dafür entwickelt wurde, die Zutaten im Kühlschrank oder auch Reste aufzubrauchen. Es handelt sich um eine bunte Mischung aus Fleisch, Fisch, Gewürzen und Gemüse. Wenn Sie dieses beliebte Cajun-Gericht zubereiten, werden Sie sich möglicherweise an Paella erinnert fühlen, auch ohne Tomaten und scharfe Gewürze. Auch Fisch- und Schweinefleischstückchen würden gut zu dieser herzhaften Mahlzeit passen.

1 EL Kokosöl
450 g Hähnchenbrust ohne Knochen, ohne Haut, in Streifen geschnitten
Meersalz
Frisch gemahlener schwarzer Pfeffer
2 Stangen Lauch, weiße und hellgrüne Teile, gewaschen und gehackt
1 rote Paprikaschote, gehackt
1 gelbe Paprikaschote, gehackt
2 Tassen weißer Reis
3 Tassen Einfacher Hühnerfond (Seite 200)
Spritzer scharfe Tabascosoße
6 Riesengarnelen, geschält, entdarmt und gehackt
¼ TL gemahlener Cayennepfeffer
1 Frühlingszwiebel, gehackt, zum Garnieren

1. Den Backofen auf 180 °C vorheizen.
2. In einer großen ofenfesten Pfanne auf mittlerer bis hoher Stufe das Kokosöl erhitzen.
3. Das Hähnchenfleisch leicht mit Salz und Pfeffer würzen, dann im Öl etwa 6 Minuten braten, bis es gerade durchgegart ist.
4. Mit einem Schaumlöffel das Hähnchenfleisch herausholen und in eine kleine Schüssel füllen.
5. Lauch, rote und gelbe Paprikaschoten in die Pfanne geben und etwa 4 Minuten braten, bis das Gemüse gar ist.
6. Die Hähnchenbruststreifen wieder in die Pfanne füllen und gut mit dem Gemüse verrühren.
7. Reis, Einfachen Hühnerfond, scharfe Soße, Garnelen und Cayennepfeffer hinzufügen.
8. Die Mischung zum Kochen bringen, die Pfanne abdecken und für 40 Minuten in den Backofen stellen, dabei gelegentlich umrühren.
9. Den Deckel entfernen und das Gericht etwa 15 Minuten weiter backen, bis der Reis weich ist und den Großteil der Flüssigkeit aufgenommen hat.
10. Mit Frühlingszwiebeln garnieren und servieren.

Allergieanpassung: Lassen Sie die Garnelen weg, wenn Sie eine Allergie gegen Meeresfrüchte haben. Dabei handelt es sich um eine der gefährlichsten Allergien, da schon eine winzige Menge tödlich sein kann.

PRO PORTION Kalorien: 430; Fett insgesamt: 9 g; gesättigte Fette: 4 g; Cholesterin: 79 mg; Kohlenhydrate insgesamt: 56 g; Ballaststoffe: 2 g; Eiweiß: 29 g

NUSSFREI SCHNELL & EINFACH

Ingwer-Hähnchen-Wraps

PORTIONEN: 4 ○ VORBEREITUNGSZEIT: 15 MINUTEN

Ingwer wird schon seit Jahrhunderten als heilende Zutat bei Verdauungsproblemen und zur Entgiftung des Körpers verwendet. Er kann gegen Übelkeit helfen, das Immunsystem unterstützen, Arthroseschmerzen lindern und das Krebsrisiko senken. Ingwer ist eine hervorragende Quelle für die Vitamine B6 und C, Magnesium, Kalium, Mangan und Kupfer. Diese Wurzel liefert eine angenehme Schärfe, wenn Sie es also würzig mögen, können Sie die Menge des geriebenen Ingwers auch erhöhen. Kaufen Sie feste, unbeschädigte Ingwerwurzeln ohne schrumpelige oder schimmelige Stellen.

450 g gegarte Hähnchenbrust ohne Knochen, ohne Haut, gehackt
1 Tasse geraspelter Fenchel
1 Tasse geraspelte Salatgurke, Flüssigkeit ausgedrückt
½ Tasse geraspelte Karotte
½ Tasse geraspelte Yambohne
1 Frühlingszwiebel, gehackt
1 TL gehackter frischer Koriander
½ TL geriebener frischer Ingwer
Prise Meersalz
8 Salatblätter

1. In einer großen Schüssel Hähnchenfleisch, Fenchel, Salatgurke, Karotte, Yambohne, Frühlingszwiebel, Koriander, Ingwer und Salz mischen.
2. Den Hähnchensalat gleichmäßig auf die Salatblätter verteilen.
3. Die Blätter an zwei einander gegenüberliegenden Seiten über die Füllung schlagen und dann aufrollen.
4. Servieren.

PRO PORTION Kalorien: 212; Fett insgesamt: 4 g; gesättigte Fette: 0 g; Cholesterin: 97 mg; Kohlenhydrate insgesamt: 6 g; Ballaststoffe: 2 g; Eiweiß: 37 g

NUSSFREI

Hähnchen-Brokkoli-Auflauf

PORTIONEN: 4 ○ VORBEREITUNGSZEIT: 15 MINUTEN ○ GARZEIT: 35 MINUTEN

Viele Ernährungsexperten empfehlen Brokkoli als Superfood. Dieses Kreuzblütengewächs kann tatsächlich noch wirkungsvoller den Cholesterinspiegel senken, wenn es leicht blanchiert ist wie in diesem Rezept. Brokkoli hilft kraftvoll beim Entgiften und bei der Reduzierung von Entzündungen im Körper. Er enthält eine Riesenmenge der Vitamine K und C sowie Chrom, Ballaststoffe und Phosphor. Suchen Sie nach festen Röschen ohne gelbe Stellen, während die Stiele weder gespalten noch trocken sein sollten.

1 EL Kokosöl
2 EL Pfeilwurzelmehl
1 Tasse ungesüßte Reismilch
1 TL gehackter frischer Thymian
¼ TL geriebene Muskatnuss
Meersalz
Frisch gemahlener schwarzer Pfeffer
450 g gegarte Hähnchenbrust, gewürfelt
3 Tassen gegarter weißer Reis
1 Kopf Brokkoli, in kleine Röschen geschnitten und blanchiert

1. Den Backofen auf 180 °C vorheizen.
2. In einem kleinen Kochtopf auf mittlerer bis hoher Stufe das Kokosöl erhitzen.
3. Das Pfeilwurzelmehl in das Öl rühren, sodass eine Paste entsteht. Die Reismilch hinzufügen und die Mischung etwa 3 Minuten verquirlen, bis die Soße eindickt.
4. Die Soße vom Herd nehmen, und Thymian und Muskatnuss unterrühren. Dann die Soße mit Salz und Pfeffer würzen.
5. In einer großen Schüssel Hähnchenfleisch, Reis und Brokkoli mischen. Die Soße über die Hähnchenmischung gießen und umrühren, damit alles gleichmäßig bedeckt ist.
6. Die Mischung in eine Auflaufform (23 x 23 cm) füllen. Den Auflauf etwa 30 Minuten backen, bis er ganz durchgewärmt ist, dann servieren.

PRO PORTION Kalorien: 515; Fett insgesamt: 9 g; gesättigte Fette: 3 g; Cholesterin: 97 mg; Kohlenhydrate insgesamt: 65 g; Ballaststoffe: 5 g; Eiweiß: 44 g

NUSSFREI

Kartoffel-Hähnchen-Auflauf

PORTIONEN: 6 ○ VORBEREITUNGSZEIT: 20 MINUTEN ○ GARZEIT: 55 MINUTEN

Manche Kartoffelsorten eigenen sich besser zum Stampfen als andere, wie Sie vielleicht schon festgestellt haben, wenn Sie zur Herstellung von Kartoffelpüree Kartoffeln mit einem geringen oder mittleren Stärkegehalt verwendet und eine klebrige Masse erhalten haben. Sehr stärkehaltige Kartoffeln wie die Sorte Russet nehmen eine Menge Flüssigkeit auf und zerfallen beim Garen, sodass eine perfekte, luftige Konsistenz entsteht. Wenn Sie in Ihrem Lebensmittelladen keine Russet-Kartoffeln finden können, versuchen Sie es eher mit einer mehlig kochenden Sorte als mit fest kochenden Kartoffeln. Süßkartoffeln können ebenfalls gut gestampft werden und stellen eine interessante Variante dar.

3 große Russet-Kartoffeln, geschält und in 2,5 cm lange Stücke geschnitten
¼ Tasse Sahne
Meersalz
Frisch gemahlener schwarzer Pfeffer
2 TL Kokosöl
450 g Hähnchenbrust ohne Knochen, ohne Haut, in 1,2 cm lange Stücke geschnitten
2 Schalotten, gehackt
½ Zucchini, gewürfelt
2 Karotten, geschält, in dünne Scheiben geschnitten und blanchiert
2 ¼ Tassen Einfacher Hühnerfond (Seite 200)
2 EL Pfeilwurzelmehl
1 TL gehackter frischer Thymian

1. Den Backofen auf 160 °C vorheizen.
2. Die Kartoffeln in einen großen Topf mit kaltem Wasser füllen, sodass sie 5 cm hoch mit Wasser bedeckt sind.
3. Die Kartoffeln auf hoher Stufe zum Kochen bringen. Dann die Hitze auf niedrige Stufe reduzieren. Etwa 20 Minuten köcheln lassen, bis die Kartoffeln weich sind (zum Testen mit einer Gabel hineinstechen).
4. Das Wasser abgießen. Mit einem Kartoffelstampfer die Kartoffeln zusammen mit der Sahne zerstampfen, bis eine luftige Konsistenz entsteht.
5. Mit Salz und Pfeffer würzen und beiseitestellen.
6. In einer großen Pfanne auf mittlerer bis hoher Stufe das Kokosöl erhitzen.
7. Darin die Hähnchenbrust etwa 10 Minuten braten, bis sie gerade durchgegart ist.
8. Schalotten und Zucchini hinzufügen und weitere 5 Minuten braten.
9. Karotten und 2 Tassen des Einfachen Hühnerfonds unterrühren.

10. In einer kleinen Schüssel den restlichen Hühnerfond mit dem Pfeilwurzelmehl verquirlen; beiseitestellen.
11. Die Hähnchenmischung zum Kochen bringen und die Pfeilwurzelmehlmischung einrühren.
12. Unter Rühren etwa 4 Minuten köcheln lassen, bis die Flüssigkeit eindickt.
13. Die Mischung vom Herd nehmen, den Thymian unterrühren und mit Salz und Pfeffer würzen.
14. Die Hähnchenmischung in eine Auflaufform (23 x 33 cm) füllen und das Kartoffelpüree gleichmäßig darauf verteilen.
15. Etwa 15 Minuten backen, bis die Kartoffeln leicht braun sind und die Füllung Blasen wirft. Servieren.

PRO PORTION **Kalorien: 317; Fett insgesamt: 8 g; gesättigte Fette: 4 g; Cholesterin: 78 mg; Kohlenhydrate insgesamt: 33 g; Ballaststoffe: 5 g; Eiweiß: 28 g**

NUSSFREI

Goldbraunes Brathähnchen

PORTIONEN: 6 **O** VORBEREITUNGSZEIT: 10 MINUTEN + 15 MINUTEN RUHEZEIT **O** GARZEIT: 1 STUNDE, 30 MINUTEN

Dieses Brathähnchen ist ein kulinarischer Erfolg, der so aussieht, als hätten Sie viele Stunde in der Küche zugebracht, während die Vorbereitung in Wirklichkeit lediglich 10 Minuten in Anspruch nimmt. Welches Kraut Sie in das Innere des Hähnchens stecken, damit es sein Aroma verbreitet, ist ganz Ihnen, Ihren individuellen Vorlieben und dem Inhalt Ihres Kühlschranks oder dem Bestand in Ihrem Garten überlassen. Salbei, Bohnenkraut und Majoran sind bei diesem Rezept leckere Alternativen zu Thymian und Rosmarin. Zitronen- oder Orangenviertel, Ingwer und Lavendel stellen ebenfalls interessante Optionen für die Füllung Ihres Brathähnchens dar.

1 ganzes Brathähnchen (1800 g)
1 TL Meersalz
4 Schalotten, geschält und leicht zerdrückt
4 Zweige frischer Thymian
2 Zweige frischer Rosmarin
1 EL Kokosöl, geschmolzen
¼ TL frisch gemahlener schwarzer Pfeffer

1. Den Backofen auf 180 °C vorheizen.
2. Das Hähnchen innen und außen mit kaltem Wasser abwaschen und mit Küchenpapier vollständig trockentupfen.
3. Das Hähnchen in eine Auflaufform legen und die Bauchhöhle mit ½ TL Salz einreiben.
4. Schalotten, Thymian und Rosmarin in die Bauchhöhle stecken.
5. Die Haut des Hähnchens überall mit Kokosöl einpinseln und mit dem restlichen ½ TL Salz sowie mit Pfeffer würzen.
6. Das Hähnchen etwa 90 Minuten braten, bis es goldbraun und durchgegart ist (die innere Temperatur beträgt dann 85 °C).
7. Das Hähnchen aus dem Backofen holen und 15 Minuten ruhen lassen. Dann Schalotten, Thymian und Rosmarin aus der Bauchhöhle entfernen.
8. Das Hähnchen tranchieren und servieren.

PRO PORTION Kalorien: 174; Fett insgesamt: 6 g; gesättigte Fette: 1 g; Cholesterin: 25 mg; Kohlenhydrate insgesamt: 3 g; Ballaststoffe: 0 g; Eiweiß: 25 g

NUSSFREI   SCHNELL & EINFACH

Quinoa-Pilaw mit Putenfleisch

PORTIONEN: 4 ○ VORBEREITUNGSZEIT: 15 MINUTEN ○ GARZEIT: 15 MINUTEN

Quinoa hat einen milden, angenehmen Geschmack und gilt als vollständiges Protein, da sie alle 9 essenziellen Aminosäuren enthält. Quinoa ist außerdem eine hervorragende Quelle für Kalzium und Eisen. Der Verzehr dieser kleinen Körner unterstützt deshalb die Gesundheit von Herz und Kreislauf.

1 EL Kokosöl
1 Stange Lauch, weiße und hellgrüne Teile, gehackt
1 rote Paprikaschote, gewürfelt
1 Zucchini, gewürfelt
1 Karotte, gewürfelt und blanchiert, bis sie gar ist
2 Tassen zerkleinertes gegartes Putenfleisch
4 Tassen gegarte Quinoa
½ Tasse gehackte frische Petersilie
½ TL gehackter frischer Thymian
Meersalz
Frisch gemahlener schwarzer Pfeffer

1. In einer großen Pfanne auf mittlerer bis hoher Stufe das Kokosöl erhitzen.
2. Lauch, Paprikaschote, Zucchini und Karotte darin etwa 6 Minuten braten, bis sie gar sind.
3. Das Putenfleisch hinzufügen und etwa 4 Minuten braten, bis es heiß ist.
4. Quinoa, Petersilie und Thymian unterrühren und etwa 5 Minuten braten, bis alles gut vermischt und durchgewärmt ist.
5. Den Pilaw mit Salz und Pfeffer würzen und servieren.

Vorteil für Ihre Gesundheit: Quinoa ist von Saponinen bedeckt, die bitter und seifig schmecken – deshalb ist es wichtig, sie vor dem Kochen sorgfältig abzuspülen. Manche Menschen reagieren empfindlich auf Saponine, insbesondere jene, die Autoimmunkrankheiten haben.

PRO PORTION Kalorien: 501; Fett insgesamt: 12 g; gesättigte Fette: 5 g; Cholesterin: 53 mg; Kohlenhydrate insgesamt: 63 g; Ballaststoffe: 8 g; Eiweiß: 34 g

NUSSFREI

Gegrillte Lammkoteletts mit Minzpesto

PORTIONEN: 4 ○ VORBEREITUNGSZEIT: 15 MINUTEN + 30 MINUTEN RUHEZEIT ○ GARZEIT: 6 MINUTEN

Lamm ist in der Küche Nordamerikas keine gängige Zutat. Doch in Nordafrika, Neuseeland und Australien wird Lammfleisch sehr häufig gegessen. Diese trockeneren Regionen sind für Viehhaltung weniger gut geeignet, doch Schafe und Lämmer gibt es dort reichlich. Qualitativ hochwertiges Lammfleisch aus Nordamerika trägt dazu bei, dass diese köstliche Eiweißquelle in den US-amerikanischen Küchen an Beliebtheit zunimmt. Bei gegrilltem Lamm brauchen Sie nur sehr wenige Gewürze oder andere Zutaten, um ein geniales Gericht zu zaubern. In diesem Rezept wird das zarte Eiweiß traditionellerweise mit Pfefferminze kombiniert.

Für das Pesto

½ Tasse frische Pfefferminze
¼ Tasse frisches Basilikum
2 EL gehackte frische Petersilie
3 EL Kokosöl
1 EL heller Essig
Prise Chiliflocken

Für die Lammkoteletts

8 Lendenkoteletts vom Lamm, etwa 2,5 cm dick
1 EL Kokosöl
Meersalz
Frisch gemahlener schwarzer Pfeffer

Zubereitung des Pestos

1. In einem Mixer Pfefferminze, Basilikum, Petersilie, Öl, Essig und Chiliflocken zusammen pürieren.
2. Das Pesto in eine kleine Schüssel füllen. Beiseitestellen.

Zubereitung der Lammkoteletts

1. Die Lammkoteletts mit Kokosöl einreiben und leicht mit Salz und Pfeffer würzen. Die Koteletts vor dem Grillen 30 Minuten bei Zimmertemperatur beiseitestellen. Den Grill oder eine Grillpfanne auf dem Herd auf mittlerer bis hoher Stufe vorheizen.
2. Das Lammfleisch bis zum gewünschten Garpunkt grillen, dabei einmal wenden – etwa 3 Minuten pro Seite für medium-rare.
3. Das Fleisch 10 Minuten ruhen lassen, dann mit dem Minzpesto servieren.

Vorteil für Ihre Gesundheit: Bei diesem Rezept kommt in der Soße, die zum gegrillten Lamm serviert wird, eine große Portion Pfefferminze zum Einsatz. Es hat sich gezeigt, dass Minze durch ihren wunderbaren Duft und die ätherischen Öle, die beim Pürieren der Blätter freigesetzt werden, sehr effektiv dazu beitragen kann, Migräne zu verhindern.

PRO PORTION Kalorien: 441; Fett insgesamt: 26 g; gesättigte Fette: 16 g; Cholesterin: 153 mg; Kohlenhydrate insgesamt: 1 g; Ballaststoffe: 1 g; Eiweiß: 48 g

NUSSFREI

Rindfleisch-Gemüse-Eintopf

PORTIONEN: 6 ○ VORBEREITUNGSZEIT: 20 MINUTEN ○ GARZEIT: 1 STUNDE, 40 MINUTEN

Traditionelle Gerichte sind häufig die ersten kulinarischen Opfer, wenn Sie eine Diät durchführen, die gesundheitliche Probleme wie Migränekopfschmerzen lindern soll. Da ist es gut zu wissen, dass ein herzhafter, wohltuender Eintopf mit Rindfleisch noch immer zu den erlaubten Speisen zählt. Manche Menschen, die unter Migräne leiden, reagieren empfindlich auf Rindfleisch: Wenn Sie Probleme mit rotem Fleisch haben, ersetzen Sie das Rind- einfach durch Hähnchenfleisch. Die anderen Zutaten lassen sich wunderbar mit jeder beliebigen Eiweißquelle kombinieren, die Sie für dieses Gericht aussuchen.

1 EL Kokosöl
450 g Rinderkammbraten, in 1,2 cm lange Stücke geschnitten
3 Schalotten, gehackt
2 Stangen Sellerie, gewürfelt
5 Tassen Dunkler Rinderfond (Seite 201)
2 Karotten, geschält und gewürfelt
2 Pastinaken, geschält und gewürfelt
1 Kartoffel, geschält und gewürfelt
1 Tasse geraspelter Weißkohl
1 EL gehackter frischer Thymian
2 EL Wasser
1 EL Pfeilwurzelmehl
Meersalz
Frisch gemahlener schwarzer Pfeffer

1. In einem großen Topf auf mittlerer bis hoher Stufe das Kokosöl erhitzen.
2. Die Fleischstücke darin von allen Seiten anbraten, insgesamt etwa 5 Minuten.
3. Schalotten und Sellerie hinzufügen und weitere 3 Minuten braten.
4. Den Dunklen Rinderfond hineingießen und die Flüssigkeit zum Kochen bringen.
5. Die Hitze auf niedrige Stufe reduzieren und das Fleisch im Fond 1 Stunde köcheln lassen.
6. Karotten, Pastinaken und Kartoffeln hinzufügen und alles etwa 15 Minuten köcheln lassen, bis das Gemüse weich ist.
7. Weißkohl und Thymian hinzufügen und weitere 10 Minuten köcheln lassen.
8. In einer kleinen Schüssel Wasser und Pfeilwurzelmehl verquirlen.
9. Die Pfeilwurzelmehlmischung in den Eintopf gießen und unter Rühren etwa 4 Minuten köcheln lassen, bis die Soße eindickt.
10. Den Eintopf mit Salz und Pfeffer würzen und servieren.

PRO PORTION Kalorien: 381; Fett insgesamt: 24 g; gesättigte Fette: 11 g; Cholesterin: 78 mg; Kohlenhydrate insgesamt: 17 g; Ballaststoffe: 4 g; Eiweiß: 24 g

NUSSFREI

Saftiger Hackbraten

PORTIONEN: 6 ○ VORBEREITUNGSZEIT: 15 MINUTEN ○ GARZEIT: 1 STUNDE

Er schmeckt wirklich nicht nach einem einfachen Hackbraten mit nur 5 Zutaten, etwas Salz und Pfeffer. Der Meerrettich liefert einen spannenden Kick und der Apfel einen Hauch Süße. Statt ein Glas Meerrettichzubereitung zu kaufen, sollten Sie Ihre eigene, frische Meerrettichwurzel reiben. Reste der Wurzel heben Sie in einem verschlossenen Plastikbeutel im Kühlschrank auf; oder Sie reiben die gesamte Meerrettichwurzel und frieren sie in Eiswürfelbehältern ein.

900 g mageres Rinderhackfleisch
1 Tasse glutenfreies Paniermehl
½ Tasse gehackte Schalotten
½ Tasse geschälte, entkernte und geriebene Granny-Smith-Äpfel
1 TL geriebener Meerrettich
1 TL Meersalz
¼ TL frisch gemahlener schwarzer Pfeffer

1. Den Backofen auf 180 °C vorheizen.
2. In einer großen Schüssel Rinderhackfleisch, Paniermehl, Schalotten, Apfel, Meerrettich, Salz und Pfeffer sorgfältig miteinander verrühren.
3. Die Fleischmischung in eine Kastenform (23 x 10 cm) füllen und etwa 1 Stunde backen, bis sie durchgegart und gebräunt ist.
4. Den Hackbraten 10 Minuten ruhen lassen. Etwaiges abgesetztes Fett vor dem Servieren abgießen.

Allergieanpassung: Für einige wenige Migräniker wirkt Rindfleisch als Trigger. Wenn Sie Rindfleisch nicht vertragen, ersetzen Sie das Hackfleisch in diesem Rezept durch Hähnchenhackfleisch und den Meerrettich durch geriebenen frischen Ingwer.

PRO PORTION Kalorien: 314; Fett insgesamt: 10 g; gesättigte Fette: 4 g; Cholesterin: 135 mg; Kohlenhydrate insgesamt: 8 g; Ballaststoffe: 0 g; Eiweiß: 49 g

NUSSFREI

Fajitas mit Rindfleisch

PORTIONEN: 4 ○ VORBEREITUNGSZEIT: 20 MINUTEN + 2 STUNDEN MARINIERZEIT ○ GARZEIT: 20 MINUTEN

Paprikaschoten sind eine der Hauptzutaten von Fajitas, da ihre Süße einen wunderbaren Kontrast zu den Gewürzen bildet, die für das Fleisch verwendet werden. Versuchen Sie, wenigstens zwei verschiedenfarbige Paprikaschoten zu nehmen, da die unterschiedlichen Farben verschiedene Phytonährstoffe bieten. Paprikaschoten sind reich an den Vitaminen A, B, C und E sowie an Kalzium, Zink, Mangan und Phosphor. Es besteht ein Zusammenhang zwischen B-Vitaminen und einer Reduzierung der Häufigkeit und Intensität von Migräneanfällen. Dieses hübsche Gemüse kann außerdem dazu beitragen, den Cholesterinspiegel zu senken, das Immunsystem zu stärken und das Risiko für Verdauungsprobleme, Krebs und Herzerkrankungen zu reduzieren.

Für die Marinade

4 EL Kokosöl, geschmolzen
1 EL heller Essig
1 TL gemahlener Kreuzkümmel
¼ TL gemahlener Cayennepfeffer
Prise Meersalz
Prise frisch gemahlener schwarzer Pfeffer

Für die Fajitas

450 g Flanksteak
2 Schalotten, in Scheiben geschnitten
1 rote Paprikaschote, in dünne Streifen geschnitten
1 grüne Paprikaschote, in dünne Streifen geschnitten
2 EL gehackter frischer Koriander
4 glutenfreie Tortillas

Zubereitung der Marinade

1. In einen großen, verschließbaren Beutel 3 EL des Kokosöls, Essig, Kreuzkümmel, Cayennepfeffer, Salz und Pfeffer füllen, und den Beutel gut schütteln.
2. Das Fleisch überall mit einer Gabel einstechen und in den Beutel mit der Marinade legen.
3. So viel Luft wie möglich aus dem Beutel pressen und den Beutel verschließen.
4. Das Steakfleisch 2 Stunden im Kühlschrank marinieren; währenddessen den Beutel einmal wenden.

Zubereitung der Fajitas

1. Den Grill oder eine Grillpfanne auf dem Herd auf mittlerer bis hoher Stufe vorheizen.
2. Das Steak etwa 5 Minuten pro Seite medium-rare grillen, währenddessen einmal wenden.
3. Das Steak vom Grill oder Herd nehmen und 10 Minuten beiseitestellen.

4. Während das Fleisch ruht, in einer großen Pfanne auf mittlerer bis hoher Stufe den restlichen EL Kokosöl erhitzen.
5. Darin die Schalotten, die roten und grünen Paprikaschoten etwa 6 Minuten anbraten, bis sie weich und leicht karamellisiert sind.
6. Das Gemüse vom Herd nehmen und den Koriander unterrühren.
7. Das Steak entgegen der Faserrichtung in dünne Scheiben schneiden. Das Fleisch in die Tortillas füllen und die Gemüsemischung darauf verteilen.

PRO PORTION Kalorien: 481; Fett insgesamt: 24 g; gesättigte Fette: 16 g; Cholesterin: 62 mg; Kohlenhydrate insgesamt: 29 g; Ballaststoffe: 3 g; Eiweiß: 32 g

NUSSFREI

Rinderbrust mit Herbstgemüse

PORTIONEN: 4 ○ VORBEREITUNGSZEIT: 15 MINUTEN ○ GARZEIT: 4 STUNDEN, 15 MINUTEN

Die Rinderbrust ist ein Fleischstück, das ein sorgfältiges Garen mit ausreichend Flüssigkeit erfordert, da sie viel Bindegewebe enthält. Wenn Ihre Rinderbrust eine Fettschicht aufweist, lassen Sie diese während des Garvorgangs dran, damit das Fleisch saftig bleibt. Sobald das Fleisch zart und durchgegart ist, können Sie das Fett immer noch abschneiden.

1 EL Kokosöl
450 g Rinderbrust
½ TL Meersalz
½ TL frisch gemahlener schwarzer Pfeffer
4 Schalotten, in Achtel geschnitten
3 Karotten, geschält und in 2,5 cm lange Stücke geschnitten
3 Pastinaken, geschält und in 2,5 cm lange Stücke geschnitten
12 neue Kartoffeln, gewaschen
3 Tassen Dunkler Rinderfond (Seite 201)

1. Das Kokosöl in einem großen Topf auf mittlerer bis hoher Stufe erhitzen.
2. Die Rinderbrust mit Salz und Pfeffer würzen und von beiden Seiten in Öl insgesamt etwa 10 Minuten anbraten. Das Fleisch auf einen Teller legen.
3. Schalotten, Karotten, Pastinaken und Kartoffeln in den Topf füllen und das Rindfleisch oben auf das Gemüse legen.
4. Den Dunklen Rinderfond hineingießen und die Flüssigkeit zum Kochen bringen. Die Hitze auf niedrige Stufe reduzieren und den Topf abdecken.
5. Etwa 4 Stunden köcheln lassen, bis das Rindfleisch sehr zart ist.
6. Die Rinderbrust mit dem Gemüse und der Soße aus dem Topf servieren.

Vorteil für Ihre Gesundheit: Kartoffeln sind eine hervorragende Quelle für Kalium, das hilft, Migräne zu vermeiden. Eine mittelgroße Ofenkartoffel enthält über 900 mg.

PRO PORTION Kalorien: 464; Fett insgesamt: 11 g; gesättigte Fette: 6 g; Cholesterin: 101 mg; Kohlenhydrate insgesamt: 50 g; Ballaststoffe: 10 g; Eiweiß: 41 g

Kapitel 9

Vegetarische Hauptgerichte

NUSSFREI VEGAN SCHNELL & EINFACH

Salatrollen mit Mango-Ingwer-Soße

PORTIONEN: 4 ○ VORBEREITUNGSZEIT: 30 MINUTEN

Salatrollen gibt es traditionell in vielen asiatischen Ländern auf der Straße zu kaufen, da die verschiedenen Arten von Blattsalat preiswert sind und zusammengerollt allerlei köstliche Füllungen aufnehmen können. Die am besten für Wraps geeigneten Salatblätter sind biegsam, groß und weisen keine harten Rippen auf. Sie können die Blätter von Römersalat verwenden, wenn Sie die große Mittelrippe sorgfältig herausschneiden. Heben Sie die Rippen zur Verwendung in Smoothies oder gehackt im Salat auf, statt sie wegzuwerfen.

Für die Salatrollen

½ Tasse Bohnensprossen
½ Tasse gehackte Erdbeeren
½ Tasse gestiftelte Karotten
½ Tasse gestiftelte Yambohne
½ Tasse gestiftelte Salatgurke
¼ Tasse gehackte Frühlingszwiebeln
2 EL gehackte frische Pfefferminze
Prise Meersalz
8 Salatblätter

Für die Soße

1 reife Mango, geschält, entsteint und grob gewürfelt
1 TL geriebener frischer Ingwer
½ TL gemahlener Kreuzkümmel
¼ TL gemahlene Koriandersamen
¼ Tasse Wasser

Zubereitung der Soße

1. In einem Mixer Mango, Ingwer, Kreuzkümmel, Koriander und Wasser zusammen pürieren.
2. Die Soße in einem abgeschlossenen Behälter kalt stellen.

Zubereitung der Salatrollen

1. In einer großen Schüssel Bohnensprossen, Erdbeeren, Karotten, Yambohne, Salatgurke, Frühlingszwiebeln, Pfefferminze und Salz gut mischen.
2. Die Füllung gleichmäßig auf die Salatblätter aufteilen und die Blätter dann wie Tortilla-Wraps aufrollen.
3. Die Salatrollen zusammen mit der Soße zum Dippen servieren.

PRO PORTION Kalorien: 100; Fett insgesamt: 1 g; gesättigte Fette: 0 g; Cholesterin: 0 mg; Kohlenhydrate insgesamt: 15 g; Ballaststoffe: 2 g; Eiweiß: 2 g

NUSSFREI VEGAN

Bratreis mit Gemüse

PORTIONEN: 4 ○ VORBEREITUNGSZEIT: 20 MINUTEN ○ GARZEIT: 20 MINUTEN

Kurkuma sorgt für eine leuchtende Farbe und ein zitroniges, pfefferiges Aroma. Dieses Gewürz ist eine kraftvolle Zutat, die in der alten chinesischen und indischen Medizin verwendet wurde; besonders effektiv wirkt sie bei Verdauungsbeschwerden. Kurkuma ist entzündungshemmend und kann bei Reizdarm, Gelenkrheumatismus und Mukoviszidose helfen. Das in Kurkuma enthaltene Curcumin ist auch ein Schmerzmittel, das die Intensität von Migräne reduzieren kann.

2 EL Kokosöl
1 Stange Lauch, weiße und hellgrüne Teile, gehackt
1 EL geriebener frischer Ingwer
1 TL gemahlener Kreuzkümmel
¼ TL Kurkuma
2 Karotten, geschält und fein gewürfelt
1 Tasse gehackter Brokkoli
1 rote Paprikaschote, fein gehackt
1 Zucchini, gewürfelt
3 Tassen gegarter Reis
Meersalz
2 EL gehackter frischer Koriander, zum Servieren

1. In einer großen Pfanne auf mittlerer bis hoher Stufe das Kokosöl erhitzen.
2. Darin Lauch, Ingwer, Kreuzkümmel und Kurkuma etwa 4 Minuten braten, bis das Gemüse weich ist.
3. Karotten, Brokkoli, Paprikaschote und Zucchini unterrühren und 7 Minuten braten.
4. Den Reis unterrühren und unter ständigem Rühren etwa 10 Minuten braten, bis er durchgewärmt ist.
5. Den Reis salzen und mit Koriander bestreut servieren.

PRO PORTION Kalorien: 370; Fett insgesamt: 8 g; gesättigte Fette: 6 g; Cholesterin: 0 mg; Kohlenhydrate insgesamt: 68 g; Ballaststoffe: 4 g; Eiweiß: 7 g

NUSSFREI VEGETARISCH

Eichelkürbis mit Quinoa-Füllung

PORTIONEN: 4 ○ VORBEREITUNGSZEIT: 20 MINUTEN ○ GARZEIT: 1 STUNDE

Gemüse eignet sich als köstliches, essbares Behältnis für herzhafte und süße Füllungen; und der Eichelkürbis hat die perfekte Größe für einzelne Portionen. Eichelkürbisse sind sehr reich an Betacarotin, Vitamin A, Vitamin C, Ballaststoffen und Kupfer. Dieser Winterkürbis hat ein nussiges, fast pfefferiges Aroma, das hervorragend zu cremigem Ricotta, milder Quinoa und süßer roter Paprikaschote passt. Sollte es Ihnen schwerfallen, den Kürbis zu halbieren, legen Sie ihn für etwa 30 Sekunden in die Mikrowelle, damit das Gemüse weicher wird.

Kokosöl, zum Einfetten
2 Eichelkürbisse, halbiert und entkernt
2 Tassen gegarte Quinoa
1 Tasse Kichererbsen aus der Dose, abgegossen und abgespült
1 Tasse geraspelter Grünkohl
1 rote Paprikaschote, gehackt
½ Tasse Ricotta
1 Frühlingszwiebel, gehackt
1 EL gehackter frischer Koriander
Meersalz
Frisch gemahlener schwarzer Pfeffer

1. Den Backofen auf 180 °C vorheizen.
2. Ein Backblech leicht einölen und die Kürbishälften mit der Schnittfläche nach unten auf das Backblech legen.
3. Den Kürbis etwa 30 Minuten backen, bis er weich ist.
4. Während sich die Kürbishälften im Backofen befinden, in einer großen Schüssel Quinoa, Kichererbsen, Grünkohl, Paprikaschote, Ricotta, Frühlingszwiebeln und Koriander verrühren.
5. Die Mischung mit Salz und Pfeffer würzen.
6. Sobald der Kürbis weich ist, die Hälften aus dem Backofen holen. Mit zwei Gabeln die Kürbishälften umdrehen, sodass die Mulde nach oben zeigt.
7. Etwa die Hälfte des Kürbisfleischs aus den halbierten Früchten herauslöffeln und unter die Quinoamischung rühren.
8. Die Quinoa-Kürbis-Mischung in die Kürbishälften füllen und etwa 30 Minuten backen, bis die Füllung durchgewärmt ist. Dann servieren.

Vorteil für Ihre Gesundheit: Die Menge an Quinoa pro Portion dieses hübschen Gerichts entspricht etwa 20 Prozent des empfohlenen Tagesbedarfs an Riboflavin, auch Vitamin B2 genannt. Riboflavin unterstützt einen gesunden Energiestoffwechsel im Gehirn und kann auf diese Weise die Häufigkeit von Migräneanfällen reduzieren.

PRO PORTION Kalorien: 277; Fett insgesamt: 7 g; gesättigte Fette: 2 g; Cholesterin: 10 mg; Kohlenhydrate insgesamt: 65 g; Ballaststoffe: 10 g; Eiweiß: 16 g

NUSSFREI VEGAN

Spargelrisotto

PORTIONEN: 4 ○ VORBEREITUNGSZEIT: 15 MINUTEN ○ GARZEIT: 30 MINUTEN

Spargel ist ein leicht verderbliches Gemüse – deshalb sollten Sie dieses cremige Risotto innerhalb weniger Tage nach dem Kauf des Spargels zubereiten. Er enthält eine sehr große Menge der Vitamine E und K, Kupfer sowie viele entzündungshemmende Phytonährstoffe. Außerdem unterstützt er die Gesundheit des Verdauungssystems, hilft bei der Stabilisierung des Blutzuckers und bekämpft Krebs.

4 Tassen glutenfreie Gemüsebrühe
1 EL Kokosöl
1 Stange Lauch, weiße und hellgrüne Teile, fein gehackt
1 Tasse Arborio-Reis
20 Spargelstangen, in 2,5 cm lange Stücke geschnitten und 1 Minute blanchiert
Meersalz
Frisch gemahlener schwarzer Pfeffer

1. In einem mittelgroßen Topf auf mittlerer bis hoher Stufe die Gemüsebrühe zum Kochen bringen. Vom Herd nehmen und beiseitestellen.
2. In einem mittelgroßen Topf auf mittlerer Stufe das Kokosöl erhitzen. Darin den Lauch etwa 3 Minuten braten, bis er weich ist.
3. Den Reis hinzufügen und 3 Minuten anbraten.
4. ½ Tasse der heißen Brühe hineingießen und umrühren, bis die Flüssigkeit fast aufgenommen worden ist.
5. Jeweils weitere halbe Tassen der heißen Brühe hinzufügen, umrühren und warten, bis die Flüssigkeit aufgenommen worden ist. Auf diese Weise verfahren, bis der Reis al dente ist.
6. Den blanchierten Spargel unterrühren, mit Salz und Pfeffer würzen und servieren.

Vorteil für Ihre Gesundheit: Spargel ist eine hervorragende Quelle für Vitamin B2 (Riboflavin), das erwiesenermaßen die Migränehäufigkeit um bis zu 50 Prozent senken kann. Fügen Sie ein paar zusätzliche Spargelstangen pro Portion hinzu, um Ihren Riboflavinspiegel zu steigern.

PRO PORTION Kalorien: 248; Fett insgesamt: 6 g; gesättigte Fette: 5 g; Cholesterin: 0 mg; Kohlenhydrate insgesamt: 48 g; Ballaststoffe: 4 g; Eiweiß: 6 g

NUSSFREI VEGETARISCH

Gemüsebratlinge

PORTIONEN: 4 ○ VORBEREITUNGSZEIT: 20 MINUTEN + 1 STUNDE KÜHLZEIT ○ GARZEIT: 10 MINUTEN

Gemüseburgern sagt man oft nach, dass sie trocken, geschmacklos und von eigenartiger Konsistenz seien. Doch diese einfachen Gemüsebratlinge sind saftig und duften nach frischen Kräutern. Sie können die doppelte Portion vorbereiten, braten und dann bis zu einem Monat einfrieren; so haben Sie jederzeit einen schnellen Imbiss oder eine vollständige Mahlzeit zur Hand.

1 Tasse Kichererbsen aus der Dose, abgegossen und abgespült
1 Karotte, geschält und in Stücke geschnitten
2 EL gehackter frischer Koriander
2 EL gehackte frische Petersilie
1 TL heller Essig
½ TL geriebener frischer Ingwer
2 Tassen gegarter Sushi-Reis
½ Tasse Sahne
Prise Meersalz
2 EL Kokosöl

1. In einer Küchenmaschine Kichererbsen, Karotte, Koriander, Petersilie, Essig und Ingwer zusammen pürieren, bis eine leicht stückige Masse entsteht.
2. Die Mischung in eine große Schüssel füllen und den Sushi-Reis, Sahne und Salz unterrühren. Die Reismischung im Kühlschrank 1 Stunde kalt stellen, damit sie fester wird.
3. Aus der Reismischung 8 Bratlinge formen.
4. In einer großen Pfanne auf mittlerer bis hoher Stufe das Kokosöl erhitzen. 4 Bratlinge in die Pfanne legen und leicht mit einem Pfannenwender flachdrücken.
5. Die Bratlinge 5 Minuten braten, bis die Unterseite goldbraun ist, dann wenden. Die andere Seite ebenfalls 5 Minuten braten. Die fertigen Bratlinge auf einen mit Küchenpapier ausgelegten Teller legen. Diese Vorgehensweise mit den restlichen 4 Bratlingen wiederholen. Dann servieren.

PRO PORTION Kalorien: 360; Fett insgesamt: 14 g; gesättigte Fette: 10 g; Cholesterin: 21 mg; Kohlenhydrate insgesamt: 49 g; Ballaststoffe: 4 g; Eiweiß: 8 g

NUSSFREI VEGAN

Salat mit Butternusskürbis und Kichererbsen

PORTIONEN: 4 ○ VORBEREITUNGSZEIT: 20 MINUTEN ○ GARZEIT: 20 MINUTEN

Der angenehme, an Petersilie erinnernde Geschmack dieses Gerichts stammt vom Knollensellerie. Knollensellerie ist ein seltsames Gemüse. Wenn Sie das wenig ansprechende Äußere wegschneiden, bleibt festes, weißes Fleisch übrig, das frisch und erdig riecht. Knollensellerie, auch Wurzelsellerie genannt, enthält sehr wenige Kalorien, aber viele Ballaststoffe, Vitamin C, Phosphor und Kalium.

Für den Salat

1 kleiner Butternusskürbis, geschält, entkernt und gewürfelt
2 große Karotten, geschält und gewürfelt
1 Knollensellerie, geschält und gewürfelt
1 EL Kokosöl
2 Tassen Kichererbsen aus der Dose, abgespült und gut abgetropft
1 rote Paprikaschote, fein gehackt
1 Frühlingszwiebel, in Ringe geschnitten

Für das Dressing

¼ Tasse geschmolzenes Kokosöl
2 EL heller Essig
7 g Stevia
¼ TL Zimtpulver
Prise gemahlener Kreuzkümmel
Meersalz
Frisch gemahlener schwarzer Pfeffer

Zubereitung des Dressings

1. In einer kleinen Schüssel Kokosöl, Essig, Stevia, Zimt und Kreuzkümmel gut miteinander verrühren.
2. Das Dressing mit Salz und Pfeffer würzen und beiseitestellen.

Zubereitung des Salats

1. Den Backofen auf 180 °C vorheizen.
2. Ein Backblech mit Backpapier auslegen.
3. In einer großen Schüssel Kürbis, Karotten und Knollensellerie mit dem Kokosöl beträufeln und die Schüssel schwenken, sodass alles gut damit bedeckt ist.
4. Das Gemüse auf das Backblech legen und etwa 20 Minuten backen, bis es leicht gebräunt und weich ist.
5. Das Gemüse aus dem Backofen holen und 15 Minuten abkühlen lassen.

6. Das gebackene Gemüse in eine große Schüssel füllen und mit Kichererbsen, Paprikaschoten und Frühlingszwiebeln mischen.
7. Das Dressing darübergießen, die Schüssel schwenken, damit alles gut bedeckt ist, und servieren.

PRO PORTION Kalorien: 401; Fett insgesamt: 21 g; gesättigte Fette: 15 g; Cholesterin: 0 mg; Kohlenhydrate insgesamt: 45 g; Ballaststoffe: 10 g; Eiweiß: 11 g

NUSSFREI VEGAN SCHNELL & EINFACH

Pfannengemüse mit Reis

PORTIONEN: 4 ○ VORBEREITUNGSZEIT: 15 MINUTEN ○ GARZEIT: 15 MINUTEN

Etwas kurz in einer Pfanne anzubraten, ist die schnellste und gesündeste Zubereitungsmethode – unabhängig davon, ob dafür ein traditioneller Wok oder eine Pfanne auf dem Herd verwendet wird. Wenn Sie möchten, dass Ihr Gemüse bissfest ist, sollten Sie die Zutaten nach und nach hinzufügen, sodass das empfindlichste Gemüse erst zum Schluss dazukommt. Dadurch sorgen Sie dafür, dass nichts zu weich oder zu wenig gegart wird.

1 EL Kokosöl
1 EL gehackter frischer Ingwer
2 Tassen Brokkoliröschen
1 Tasse geschälte und in Scheiben geschnittene Karotten
1 Stange Sellerie, in Scheiben geschnitten
1 rote Paprikaschote, in dünne Streifen geschnitten
1 gelbe Zucchini, in Scheiben geschnitten
½ Tasse Yambohne, in Streifen geschnitten
2 Frühlingszwiebeln, gehackt
2 EL gehackter frischer Koriander
4 Tassen gegarter weißer Reis

1. In einer großen Pfanne auf mittlerer bis hoher Stufe das Kokosöl erhitzen.
2. Darin den Ingwer etwa 2 Minuten anbraten, bis er weich ist.
3. Brokkoli, Karotten und Sellerie hinzufügen und etwa 5 Minuten braten, bis sie bissfest sind.
4. Paprikaschoten, Zucchini und Yambohne unterrühren und 4 Minuten braten.
5. Frühlingszwiebeln und Koriander hinzufügen und das Gemüse auf dem gegarten Reis servieren.

Vorteil für Ihre Gesundheit: Ingwer hilft bei Migräne auf zweierlei Weise. Es wird die kräftig schmeckende Wurzel dieser Pflanze verwendet, die stark entzündungshemmende Wirkung hat und zur Behandlung von Übelkeit und Erbrechen verwendet wird.

PRO PORTION Kalorien: 424; Fett insgesamt: 4 g; gesättigte Fette: 3 g; Cholesterin: 0 mg; Kohlenhydrate insgesamt: 86 g; Ballaststoffe: 5 g; Eiweiß: 9 g

NUSSFREI VEGAN SCHNELL & EINFACH

Quinoa-Taboulé

PORTIONEN: 4 ○ VORBEREITUNGSZEIT: 30 MINUTEN

Quinoa, Rettiche und Yambohne sind nicht die klassischen Zutaten dieses libanesischen Gerichts, doch das Endergebnis aus fein gehacktem Gemüse, Körnern und einer ordentlichen Portion Petersilie kommt dem Original ziemlich nahe. Es gibt viele verschiedene Arten von Rettichen, sodass Sie selbst wählen können, wie scharf Ihre Mahlzeit werden soll. Daikon und Schwarzrettich bringen zwar eine schöne Schärfe ins Spiel, doch Sie sollten versuchen, leuchtend rotes Gemüse zu verwenden, da die Farbkombination dann besonders spektakulär aussieht.

Für das Taboulé

3 Tassen gegarte Quinoa
4 Rettiche, fein gehackt
2 rote Paprikaschoten, fein gehackt
1 Yambohne, geschält und fein gehackt
½ Salatgurke, fein gehackt
½ Tasse gehackte frische Petersilie
¼ Tasse gehackte frische Pfefferminze

Für das Dressing

¼ Tasse geschmolzenes Kokosöl
2 EL heller Essig
1 EL fein gehackte Pfefferminze
Prise Meersalz

Zubereitung des Dressings

1. Öl, Essig, Pfefferminze und Salz miteinander verquirlen.
2. Beiseitestellen.

Zubereitung des Taboulés

1. Quinoa, Rettich, Paprikaschote, Yambohne, Salatgurke, Petersilie und Pfefferminze in einer großen Schüssel gut mischen.
2. Das Dressing darübergießen und alles verrühren.
3. Servieren.

PRO PORTION Kalorien: 447; Fett insgesamt: 18 g; gesättigte Fette: 12 g; Cholesterin: 0 mg; Kohlenhydrate insgesamt: 62 g; Ballaststoffe: 15 g; Eiweiß: 12 g

NUSSFREI VEGAN

Auflauf mit Spaghettikürbis

PORTIONEN: 4 ○ VORBEREITUNGSZEIT: 25 MINUTEN ○ GARZEIT: 1 STUNDE

Für dieses Rezept können Sie jeden beliebigen weißen Reis verwenden, doch am besten eignet sich eine Sorte mit fester Konsistenz, damit der Reis nicht zerfällt, während der Auflauf im Backofen ist. Ein Mittelkornreis (wie Risottoreis) wird weich und nimmt einen Großteil der Flüssigkeit auf, ohne klebrig zu werden. Doch da Sie den Reis unter den Auflauf rühren, wäre es auch in Ordnung, einen nussigen Basmatireis zu verwenden. Aufgrund seiner festen Konsistenz klappt es auch mit Naturreis, der einen hohen Gehalt an Magnesium aufweist, das gut ist gegen Migräne.

1 Spaghettikürbis, halbiert und entkernt
3 TL Kokosöl
2 Tassen gegarter weißer Reis
2 Stangen Sellerie, gehackt
1 Karotte, geschält und fein gewürfelt
1 Pastinake, geschält und fein gewürfelt
½ Tasse Spinat, in feine Streifen geschnitten
½ Tasse glutenfreie Gemüsebrühe
1 TL gehackter frischer Thymian
¼ TL Meersalz

1. Den Backofen auf 200 °C vorheizen.
2. Die Schnittfläche des Spaghettikürbisses mit 2 TL Kokosöl einreiben. Die Kürbishälften mit der Schnittfläche nach unten auf ein Backblech setzen.
3. Etwa 30 Minuten backen, bis der Kürbis weich ist.
4. Die Kürbishälften aus dem Backofen holen und 10 Minuten abkühlen lassen.
5. Die garen Fasern des Kürbisfleisches herauslöffeln und in eine große Schüssel füllen.
6. Reis, Sellerie, Karotte, Pastinake, Spinat, Gemüsebrühe, Thymian und Salz hinzufügen und alles gut verrühren.
7. Eine Auflaufform (23 x 23 cm) mit dem restlichen TL Kokosöl leicht einfetten. Dann die Kürbismischung in die Form füllen.
8. Etwa 30 Minuten backen, bis der Auflauf durchgewärmt und das Gemüse weich ist.

PRO PORTION Kalorien: 264; Fett insgesamt: 5 g; gesättigte Fette: 3 g; Cholesterin: 0 mg; Kohlenhydrate insgesamt: 52 g; Ballaststoffe: 3 g; Eiweiß: 5 g

NUSSFREI VEGAN

Wildreiseintopf mit Weißkohl

PORTIONEN: 4 ○ VORBEREITUNGSZEIT: 25 MINUTEN ○ GARZEIT: 50 MINUTEN

Wildreis ist ein Gras, kein Getreide, und stammt aus Kanada und einigen Regionen in den Vereinigten Staaten. Das Nährstoff-Kraftpaket wurde als Reis bezeichnet, als englische Entdecker beobachteten, wie nordamerikanische Ureinwohner dieses im Wasser wachsende Gras mit derselben Technik ernteten, die in Asien Frauen bei der Reisernte anwenden. Lesen Sie das Etikett, wenn Sie Wildreis im Lebensmittelladen kaufen, um sicherzustellen, dass das Produkt wirklich nicht aus einer Zucht stammt, wie es bei vielen Marken der Fall ist.

Für die Soße

3 EL gehackter frischer Koriander
2 EL heller Essig
1 EL Kokosöl
1 TL geriebener frischer Ingwer
7 g Stevia
½ TL gemahlener Kreuzkümmel
Prise gemahlene Gewürznelken

Für den Reis

2 Tassen roher Wildreis
1 Tasse geraspelter Weißkohl
1 Karotte, geschält und geraspelt
1 Pastinake, geschält und geraspelt
½ Knollensellerie, geschält und geraspelt
1 Tasse gehackter Granny-Smith-Apfel
2 Frühlingszwiebeln, schräg in dünne Scheiben geschnitten, zum Servieren

Zubereitung der Soße

1. In einem Mixer Koriander, Essig, Kokosöl, Ingwer, Stevia, Kreuzkümmel und Nelken geschmeidig pürieren.
2. Beiseitestellen.

Zubereitung des Reises

1. In einem großen Topf auf mittlerer bis hoher Stufe den Reis mit 8 cm Wasser bedecken und zum Kochen bringen.
2. Die Hitze auf niedrige Stufe reduzieren. Etwa 45 Minuten köcheln lassen, bis der Reis gar ist.
3. Den Reis abgießen und in eine große Schüssel füllen.
4. Kohl, Karotte, Pastinake, Knollensellerie und Apfel unter den Reis rühren.
5. Die Soße unter den Reis rühren und den Wildreiseintopf mit Frühlingszwiebeln bestreut servieren.

PRO PORTION Kalorien: 226; Fett insgesamt: 4 g; gesättigte Fette: 3 g; Cholesterin: 0 mg; Kohlenhydrate insgesamt: 43 g; Ballaststoffe: 6 g; Eiweiß: 7 g

NUSSFREI VEGETARISCH SCHNELL & EINFACH

Irischer Kohleintopf

PORTIONEN: 4 ○ VORBEREITUNGSZEIT: 10 MINUTEN ○ GARZEIT: 25 MINUTEN

Eigentlich sollte sich im Wörterbuch unter dem Eintrag „Futter für die Seele" ein Bild dieses klassischen Eintopfs finden, den man am liebsten in eine warme Decke eingehüllt nach einem unerfreulichen Tag isst. Lockere gestampfte Kartoffeln und zartes Gemüse liefern eine gehaltvolle Mahlzeit mit jeder Menge Aroma. Wenn Fleisch bei Ihnen keine Migräneanfälle auslöst, können Sie versuchen, dem Gericht frisch gegarte Wurstscheiben hinzuzufügen. Dieser Eintopf lässt sich nicht gut einfrieren: Etwaige Reste sollten Sie also am nächsten Tag als Mittagessen zu sich nehmen.

2 EL Kokosöl
2 Stangen Lauch, weiße und hellgrüne Teile, gehackt
4 Tassen fein geraspelter Weißkohl
4 Tassen zerdrückte gegarte Russet-Kartoffeln
½ Tasse Sahne
½ Tasse gehackte frische Petersilie
Meersalz
Frisch gemahlener schwarzer Pfeffer

1. In einer großen Pfanne auf mittlerer bis hoher Stufe das Kokosöl erhitzen.
2. Darin den Lauch etwa 4 Minuten braten, bis er weich ist.
3. Den Weißkohl unterrühren und etwa 10 Minuten braten, bis er gar ist.
4. Die zerdrückten Kartoffeln, Sahne und Petersilie hinzufügen und unterrühren.
5. Die Mischung unter Rühren etwa 10 Minuten erhitzen, bis alles durchgewärmt ist.
6. Den Eintopf mit Salz und Pfeffer würzen und sofort servieren.

Allergieanpassung: Die Sahne können Sie durch Reismilch ersetzen, wenn Sie laktoseintolerant sind. Der Eintopf ist dann nicht ganz so cremig, doch der Geschmack wird Sie trotzdem begeistern.

PRO PORTION Kalorien: 268; Fett insgesamt: 15 g; gesättigte Fette: 9 g; Cholesterin: 21 mg; Kohlenhydrate insgesamt: 36 g; Ballaststoffe: 7 g; Eiweiß: 5 g

NUSSFREI VEGETARISCH

Cremige Grünkohl-Makkaroni

PORTIONEN: 4 ○ VORBEREITUNGSZEIT: 5 MINUTEN ○ GARZEIT: 30 MINUTEN

Frischkäse ist eine milde Käsesorte, die nicht gereift ist und sich für eine Anti-Migräne-Diät eignet. Gereifter Käse enthält Tyramin, das entsteht, wenn Eiweiß aufgespalten wird. Je länger ein eiweißreiches Nahrungsmittel altert, desto höher wird sein Tyramingehalt. Aus diesem Grund sind Käsesorten wie Cheddar und Parmesan eine schlechte Wahl, wenn Sie unter Migräne leiden. Frischkäse, Ricotta und Quark können Sie allerdings ohne Gefährdung Ihrer Gesundheit genießen. Dieses Gericht wird am besten sofort verzehrt, da die cremige Soße im Kühlschrank ziemlich dick werden kann. Möglicherweise müssen Sie ein wenig zusätzliche Reismilch unterrühren, um die Soße zu verdünnen, wenn Sie die Pasta wieder aufwärmen.

1 TL Kokosöl, plus mehr zum Einfetten
2 Schalotten, gehackt
½ Tasse ungesüßte Reismilch
1 Tasse Frischkäse
½ TL frisch gemahlener schwarzer Pfeffer
¼ TL Meersalz
Prise gemahlener Cayennepfeffer
1 Tasse geraspelter Grünkohl
6 Tassen gegarte glutenfreie Makkaroni

1. Den Backofen auf 190 °C vorheizen.
2. Eine Auflaufform (23 x 23 cm) mit Kokosöl einfetten; beiseitestellen.
3. In einem großen Topf auf mittlerer bis hoher Stufe das Kokosöl erhitzen.
4. Darin die Schalotten etwa 3 Minuten braten, bis sie glasig werden.
5. Reismilch, Frischkäse, schwarzen Pfeffer, Salz und Cayennepfeffer unter die Mischung rühren, bis sie cremig ist.
6. Grünkohl und gegarte Makkaroni hinzufügen und unterrühren, sodass die Nudeln bedeckt sind. Dann die Nudelmischung in die Auflaufform füllen.
7. Etwa 15 Minuten backen, bis die Makkaronimischung Blasen wirft und leicht gebräunt ist; dann servieren.

PRO PORTION Kalorien: 397; Fett insgesamt: 23 g; gesättigte Fette: 14 g; Cholesterin: 64 mg; Kohlenhydrate insgesamt: 38 g; Ballaststoffe: 4 g; Eiweiß: 10 g

NUSSFREI VEGAN

Kartoffel-Gemüse-Auflauf

PORTIONEN: 6 ○ VORBEREITUNGSZEIT: 20 MINUTEN ○ GARZEIT: 1 STUNDE, 10 MINUTEN

Die traditionellen irischen und englischen Varianten dieses Gerichts werden mit feinem Lammhackfleisch zubereitet, doch es schmeckt auch ganz ohne Fleisch. In Irland und England hat der ärmere Teil der Bevölkerung täglich Kartoffeln gegessen. Die Schicht aus pürierten Kartoffeln war preiswerter als ein mit Mehl hergestellter Teig, und Kartoffeln waren als Grundnahrungsmittel in den meisten Haushalten vorrätig.

3 große Russet-Kartoffeln, geschält und in 5 cm lange Stücke geschnitten
¼ Tasse ungesüßte Reismilch
Meersalz
Frisch gemahlener schwarzer Pfeffer
1 EL Kokosöl
1 Stange Sellerie, gehackt
½ Tasse gehackte Schalotten
3 Karotten, geschält und in Scheiben geschnitten
2 Tassen kleine Blumenkohlröschen
1 Zucchini, gewürfelt
½ Tasse glutenfreie Gemüsebrühe
1 TL gehackter frischer Thymian
Prise Chiliflocken
1 Tasse Kichererbsen aus der Dose, abgegossen und abgespült

1. In einem großen Topf auf hoher Stufe die Kartoffeln mit 5 cm kaltem Wasser bedecken und erhitzen.
2. Zum Kochen bringen; dann die Hitze auf niedrige Stufe reduzieren. Etwa 20 Minuten köcheln lassen, bis die Kartoffeln gar sind (zum Testen mit einer Gabel hineinstechen).
3. Die Kartoffeln abgießen und mit einer Gabel oder einem Kartoffelstampfer mit der Reismilch zerstampfen, bis ein luftiges Püree entsteht.
4. Die zerstampften Kartoffeln mit Salz und Pfeffer würzen und beiseitestellen.
5. Den Backofen auf 180 °C vorheizen.
6. In einer großen Pfanne auf mittlerer bis hoher Stufe das Kokosöl erhitzen.
7. Darin Sellerie und Schalotten etwa 4 Minuten braten, bis sie gar sind.
8. Karotten, Blumenkohl und Zucchini zu Sellerie und Schalotten in die Pfanne füllen und 10 Minuten braten.
9. Gemüsebrühe, Thymian und Chiliflocken unterrühren.
10. Die Mischung zum Kochen bringen; dann die Hitze auf niedrige Stufe reduzieren und alles köcheln lassen, bis das Gemüse weich ist.
11. Die Pfanne vom Herd nehmen und die Kichererbsen unterrühren.

12. Die Gemüsemischung in eine Auflaufform (23 x 33 cm) füllen und das Kartoffelpüree gleichmäßig darauf verteilen.
13. Den Auflauf etwa 35 Minuten backen, bis Blasen aufsteigen und die Oberfläche leicht gebräunt ist, dann servieren.

PRO PORTION Kalorien: 238; Fett insgesamt: 4 g; gesättigte Fette: 2 g; Cholesterin: 0 mg; Kohlenhydrate insgesamt: 45 g; Ballaststoffe: 8 g; Eiweiß: 8 g

NUSSFREI VEGAN

Kürbis-Curry

PORTIONEN: 6 ○ VORBEREITUNGSZEIT: 15 MINUTEN ○ GARZEIT: 50 MINUTEN

Der Herbst und der frühe Winter sind die beste Zeit für diesen duftenden, goldenen Eintopf, da Kürbisse dann in jedem Lebensmittelladen erhältlich sind. Kaufen Sie ruhig einen großen Kürbis, auch wenn Sie für dieses Gericht lediglich 4 Tassen davon benötigen: Die Reste können Sie einfrieren. Dazu müssen Sie den Kürbis bloß schälen, in Würfel schneiden und diese in einen Gefrierbeutel füllen: Im Gefrierschrank halten sie sich bis zu 3 Monate lang.

1 EL Kokosöl
1 Stange Lauch, weiße und hellgrüne Teile, gehackt
2 TL geriebener frischer Ingwer
4 Tassen gewürfelter Kürbis
2 Kartoffeln, geschält und gewürfelt
1 Pastinake, geschält und gewürfelt
2 Tassen glutenfreie Gemüsebrühe
1 EL Currypulver
1 TL gemahlener Kreuzkümmel
½ TL gemahlene Koriandersamen
1 rote Paprikaschote, entkernt und in Streifen geschnitten
3 EL Wasser
2 EL Pfeilwurzelmehl
3 EL gehackter frischer Koriander

1. In einer großen Pfanne auf mittlerer bis hoher Stufe das Kokosöl erhitzen.
2. Darin den Lauch etwa 4 Minuten braten, bis er weich ist.
3. Den Ingwer hinzufügen und 1 Minute braten.
4. Kürbis, Kartoffeln, Pastinake, Gemüsebrühe, Curry, Kreuzkümmel und Koriander unterrühren.
5. Die Flüssigkeit zum Kochen bringen; dann die Hitze auf niedrige Stufe reduzieren und alles abgedeckt etwa 35 Minuten köcheln lassen, bis das Gemüse weich ist.
6. Die Paprikaschote hinzufügen und weitere 5 Minuten köcheln lassen.
7. In einer kleinen Schüssel Wasser und Pfeilwurzelmehl verrühren.
8. Die Pfeilwurzelmehlmischung in das Curry gießen und etwa 4 Minuten rühren, bis die Soße eingedickt ist.
9. Den Koriander unterrühren, dann das Curry servieren.

Allergieanpassung: Wenn Sie Nachtschattengewächse nicht vertragen, ersetzen Sie die Kartoffeln in diesem Curry durch Süßkartoffeln. Die Süßkartoffeln passen hervorragend zum Kürbis.

PRO PORTION Kalorien: 132; Fett insgesamt: 4 g; gesättigte Fette: 3 g; Cholesterin: 0 mg; Kohlenhydrate insgesamt: 26 g; Ballaststoffe: 4 g; Eiweiß: 3 g

NUSSFREI VEGAN

Eintopf mit Wurzelgemüse

PORTIONEN: 4 O VORBEREITUNGSZEIT: 15 MINUTEN O GARZEIT: 50 MINUTEN

Wurzelgemüse ist das ganze Jahr über verfügbar, doch dieser Eintopf passt am besten in den Spätsommer und Herbst, wenn diese Zutaten von Natur aus Saison haben. Gelagertes Wurzelgemüse ist auch in Ordnung, doch es kann etwas holzig sein und ein weniger süßes Aroma haben. Die Menge jeder Gemüsezutat kann je nach Geschmack variiert werden, und Sie können auch anderes stärkehaltiges Gemüse für diesen Eintopf verwenden. So passen Speisekürbis, Hokkaidokürbis und Knollensellerie ebenfalls gut zu den übrigen Zutaten.

1 EL Kokosöl
2 Stangen Lauch, weiße und hellgrüne Teile, gehackt
2 Kartoffeln, geschält und gewürfelt
2 Pastinaken, geschält und gewürfelt
1 Süßkartoffel, geschält und gewürfelt
1 große Karotte, geschält und gewürfelt
6 Tassen glutenfreie Gemüsebrühe
1 EL gehackter frischer Thymian
1 TL gehackter frischer Oregano
1 große rote Paprikaschote, gewürfelt
2 Tassen geraspelter Gemüsekohl
Meersalz
Frisch gemahlener schwarzer Pfeffer

1. In einem großen Topf auf mittlerer bis hoher Stufe das Kokosöl erhitzen.
2. Darin den Lauch etwa 5 Minuten braten, bis er weich ist.
3. Kartoffeln, Pastinaken, Süßkartoffeln, Karotten, Gemüsebrühe, Thymian und Oregano hinzufügen.
4. Den Eintopf zum Kochen bringen; dann die Hitze auf niedrige Stufe reduzieren und alles 40 Minuten köcheln lassen, bis das Gemüse weich ist.
5. Rote Paprikaschote und Gemüsekohl unterrühren und weitere 5 Minuten köcheln lassen.
6. Den Eintopf mit Salz und Pfeffer würzen und servieren.

PRO PORTION Kalorien: 244; Fett insgesamt: 4 g; gesättigte Fette: 3 g; Cholesterin: 0 mg; Kohlenhydrate insgesamt: 48 g; Ballaststoffe: 11 g; Eiweiß: 6 g

Kapitel 10

Snacks

NUSSFREI VEGAN

Gewürzte Apfelchips

PORTIONEN: 4 ○ VORBEREITUNGSZEIT: 10 MINUTEN ○ GARZEIT: 2 STUNDEN

Äpfel sind ein nährstoffdichtes, kalorienarmes Obst, das fast alle Mineralstoffe und Vitamine enthält. Für alle Rezepte verwenden Sie am besten Herbst- oder frühe Winteräpfel, da sie am frischesten und süßesten sind. Äpfel können das ganze Jahr über klimatisiert gelagert werden, doch Sommeräpfel können dadurch eine mehlige Konsistenz bekommen, da ihre Stärke sich beim Lagern in Zucker umwandelt. Wenn Ihre Äpfel nicht knackig sind, sollten Sie daraus nicht diese einfachen Chips, sondern Apfelmus herstellen.

2 Granny-Smith-Äpfel, entkernt und in dünne Scheiben geschnitten
Zimtpulver, zum Würzen
Gemahlene Muskatnuss, zum Würzen
Meersalz

1. Den Backofen auf 110 °C vorheizen.
2. 2 Backbleche mit Backpapier auslegen.
3. Die Apfelscheiben auf den Backblechen verteilen, sodass sie einander nicht überlappen.
4. Die Scheiben mit Zimt, Muskatnuss und Salz bestreuen.
5. Etwa 2 Stunden backen, bis die Chips trocken sind, dabei mehrfach wenden.
6. Die Chips aus dem Ofen holen und auf den Backblechen auskühlen lassen.
7. Die Apfelchips in einem geschlossenen Behälter bei Zimmertemperatur bis zu 3 Tage aufbewahren.

PRO PORTION Kalorien: 47; Fett insgesamt: 0 g; gesättigte Fette: 0 g; Cholesterin: 0 mg; Kohlenhydrate insgesamt: 13 g; Ballaststoffe: 2 g; Eiweiß: 0 g

NUSSFREI VEGAN

Birnenleder mit Zimt

PORTIONEN: 6 ○ VORBEREITUNGSZEIT: 15 MINUTEN ○ GARZEIT: 7 STUNDEN, 20 MINUTEN

Kommerziell produziertes Fruchtleder enthält so viel Zucker und Konservierungsstoffe, dass Sie die Originalfrucht kaum noch schmecken können. Selbst gemachtes Fruchtleder steckt voller Aroma, ist kalorien- und zuckerarm. Fast jedes Obst kann gut zu Fruchtleder verarbeitet werden, und dasselbe gilt für Kombinationen aus Obst und Gemüse. Mischen Sie als köstliche, nährstoffreiche Variation mal eine gegarte, pürierte Pastinake unter.

900 g reife Williams-Christ-Birnen, geschält, entkernt, und in Stücke geschnitten
¼ Tasse Wasser
1 TL heller Essig
½ TL Zimtpulver
Prise Meersalz

1. Den Backofen auf 75 °C vorheizen.
2. Ein Backblech mit Backpapier auslegen; beiseitestellen.
3. In einem mittelgroßen Topf auf mittlerer Stufe die Birnen mit Wasser, Essig, Zimt und Salz zum Kochen bringen; dann die Hitze auf niedrige Stufe reduzieren und alles etwa 20 Minuten köcheln lassen, bis das Obst weich ist – dabei gelegentlich umrühren.
4. Die Birnenmischung in eine Küchenmaschine oder einen Mixer füllen und sehr fein pürieren.
5. Die Birnenmischung auf das Backblech füllen und mit einem Pfannenwender sehr dünn verstreichen.
6. Etwa 7 Stunden backen, bis das Fruchtleder sich bei Berührung leicht klebrig anfühlt.
7. Das Backblech aus dem Ofen holen und das Fruchtleder vollständig auskühlen lassen.
8. Dann das Fruchtleder vom Backpapier abziehen und auf ein Schneidbrett legen. Mit einer Schere das Fruchtleder in Streifen schneiden.
9. In einem luftdicht abgeschlossenen Behältnis hält sich das Fruchtleder bis zu 3 Wochen.

PRO PORTION Kalorien: 131; Fett insgesamt: 0 g; gesättigte Fette: 0 g; Cholesterin: 0 mg; Kohlenhydrate insgesamt: 35 g; Ballaststoffe: 7 g; Eiweiß: 1 g

NUSSFREI VEGAN

Paprikaschotendip

PORTIONEN: 4 ○ VORBEREITUNGSZEIT: 30 MINUTEN ○ GARZEIT: 20 MINUTEN

Wenn Sie auf der Suche nach einem köstlichen Dip und einer vielseitigen Soße sind, werden Sie bei dieser farbenfrohen Kreation mit roten Paprikaschoten sicher fündig. Stellen Sie die doppelte Menge her: In die eine Hälfte können Sie als Snack Gemüse dippen, während Sie die andere Hälfte mit Zucchininudeln mischen und als Hauptspeise essen können. Dieser Dip lässt sich in einem luftdicht abgeschlossenen Behälter auch bis zu 3 Monate einfrieren.

4 rote Paprikaschoten, halbiert und entkernt
2 EL geschmolzenes Kokosöl
2 EL gehackte frische Petersilie
2 EL gehacktes frisches Basilikum
1 TL heller Essig
Prise Chiliflocken
Meersalz
Frisch gemahlener schwarzer Pfeffer

1. Die Grillfunktion des Backofens vorheizen.
2. In einer großen Schüssel die Paprikaschoten mit 1 EL Kokosöl mischen, sodass das Gemüse gut damit bedeckt ist.
3. Die Paprikaschotenhälften mit der Haut nach oben auf ein Backblech legen und etwa 10 Minuten grillen, bis die Haut leicht schwarz wird und die Paprikaschoten weich sind.
4. Die Paprikaschoten vom Backblech nehmen, in eine Edelstahlschüssel füllen und diese dicht mit Frischhaltefolie abdecken. 10 Minuten ruhen lassen; dann die Haut abziehen und die gehäuteten Schoten in eine Küchenmaschine oder einen Mixer füllen.
5. Den restlichen EL Kokosöl mit Petersilie, Basilikum, Essig und Chiliflocken ebenfalls in die Küchenmaschine oder den Mixer füllen und alles pürieren, bis die gewünschte Konsistenz erreicht ist.
6. Mit Salz und Pfeffer würzen. In einem luftdicht abgeschlossenen Gefäß hält sich der Dip im Kühlschrank bis zu einer Woche.

PRO PORTION Kalorien: 97; Fett insgesamt: 7 g; gesättigte Fette: 6 g; Cholesterin: 0 mg; Kohlenhydrate insgesamt: 7 g; Ballaststoffe: 3 g; Eiweiß: 1 g

NUSSFREI VEGAN SCHNELL & EINFACH

Kürbis-Hummus

PORTIONEN: 4 ○ VORBEREITUNGSZEIT: 15 MINUTEN

Hier wird das traditionelle Hummus mit einigen scharfen Gewürzen abgeschmeckt und aus nährstoffreichem, püriertem Kürbis hergestellt. So entsteht eine köstliche Leckerei, die perfekt für eine Familienfeier, einen Spieleabend oder bei einer gemütlichen Lesestunde als gesunder Snack geeignet ist. Sesam liefert diesem Dip sein klassisches rauchiges und nussiges Aroma sowie Kupfer, Mangan und Kalzium. Falls Sie Reste von einem anderen Rezept übrig haben, können Sie auch frisch gerösteten Speisekürbis, gegarten Butternusskürbis oder Süßkartoffeln verwenden.

2 Tassen Kichererbsen aus der Dose, abgegossen und abgespült
½ Tasse naturbelassenes Kürbisfleisch aus der Packung
2 EL Sesam
2 EL geschmolzenes Kokosöl
½ TL geriebener frischer Ingwer
¼ TL gemahlener Kreuzkümmel
¼ TL geriebene Muskatnuss
Prise Chiliflocken
Prise Koriander

1. In einer Küchenmaschine oder einem Mixer Kichererbsen, Kürbis, Sesam, Kokosöl, Ingwer, Kreuzkümmel, Muskatnuss, Chiliflocken und Koriander sehr fein pürieren; währenddessen das Gerät mindestens einmal anhalten, um die Masse von den Seiten nach unten zu schieben.
2. In einem luftdicht abgeschlossenen Gefäß hält sich das Hummus im Kühlschrank bis zu eine Woche.

Vorteil für Ihre Gesundheit: Sesam steckt voller Magnesium, das erwiesenermaßen hilft, Migräne zu vermeiden. Sesam ist außerdem reich an Vitamin E, sodass diese kleinen Samen dazu beitragen können, Migräneattacken zu verhindern, die während des Menstruationszyklus durch Hormone ausgelöst werden. Vitamin E stabilisiert den Hormonlevel.

PRO PORTION Kalorien: 242; Fett insgesamt: 13 g; gesättigte Fette: 7 g; Cholesterin: 0 mg; Kohlenhydrate insgesamt: 23 g; Ballaststoffe: 7 g; Eiweiß: 10 g

NUSSFREI VEGAN

Bunte Gemüse-Salsa

PORTIONEN: 4 ○ VORBEREITUNGSZEIT: 30 MINUTEN + 1 STUNDE RUHEZEIT

Salsa muss nicht zwangsläufig auf Tomaten basieren. Es mag nach viel Arbeit aussehen, die verschiedenen Gemüsesorten zu schnippeln, doch das Ergebnis ist die Mühe wirklich wert. Versuchen Sie, gleichmäßig große Stücke zu schneiden, damit alles gut zusammenpasst und Sie bei jedem Bissen ein wenig von allem abbekommen. Salsa kann als gesunder Imbiss auf einem getoasteten glutenfreien Brot genossen oder als farbenfrohe Beilage zu gebackenem Fisch gereicht werden.

1 Salatgurke, geschält und fein gewürfelt
1 Karotte, geschält und fein gewürfelt
1 rote Paprikaschote, fein gewürfelt
2 große Rettiche, fein gewürfelt
2 Frühlingszwiebeln, gehackt
2 EL gehackter frischer Koriander
1 TL heller Essig
Meersalz
Frisch gemahlener schwarzer Pfeffer

1. In einer großen Schüssel Salatgurke, Karotte, Paprikaschote, Rettiche, Frühlingszwiebeln, Koriander und Essig mischen.
2. Die Salsa mit Salz und Pfeffer würzen.
3. Eine Stunde ruhen lassen, damit die Aromen sich mischen können. Die Salsa ist im Kühlschrank bis zu 3 Tage haltbar.

PRO PORTION Kalorien: 30; Fett insgesamt: 0 g; gesättigte Fette: 0 g; Cholesterin: 0 mg; Kohlenhydrate insgesamt: 7 g; Ballaststoffe: 2 g; Eiweiß: 1 g

NUSSFREI VEGAN

Pfirsich-Bruschetta

PORTIONEN: 4 ○ VORBEREITUNGSZEIT: 15 MINUTEN + 2 STUNDEN KÜHLZEIT

Pfirsiche bieten sich bei Bruschetta als Ersatz für Tomaten an, da sie farbenfroh, süß und saftig sind. Obwohl diese Variante auf Obst basiert, ist sie auch pikant, da Essig und Frühlingszwiebeln zum Einsatz kommen. Wählen Sie reife, feste Pfirsiche für den besten Bruschetta-Genuss. Lassen Sie die Schale an den Früchten, doch waschen Sie sie mit Seifenwasser ab, sofern Sie keine Bioware kaufen. Pfirsiche gehören zu den Obstsorten, die besonders stark von Pestiziden belastet sind.

2 reife Pfirsiche, entsteint und gewürfelt
½ Tasse gehackte und geröstete rote Paprikaschoten
1 Frühlingszwiebel, gehackt
1 EL frisches Basilikum, gehackt
1 TL heller Essig
1 TL geschmolzenes Kokosöl
Prise Meersalz
Prise frisch gemahlener schwarzer Pfeffer
8 Scheiben frisches glutenfreies Baguette, leicht getoastet

1. In einer mittelgroßen Schüssel Pfirsich, rote Paprikaschoten, Frühlingszwiebeln, Basilikum, Essig, Kokosöl, Salz und Pfeffer mischen.
2. 2 Stunden kalt stellen, damit die Aromen sich mischen können.
3. Die Mischung auf die getoasteten Brotscheiben löffeln und servieren.

Allergieanpassung: Wenn Gluten und Vollkorn bei Ihnen nicht als Migränetrigger wirken, können Sie das glutenfreie Brot durch ein normales, knuspriges Vollkornbaguette ersetzen.

PRO PORTION Kalorien: 175; Fett insgesamt: 2 g; gesättigte Fette: 1 g; Cholesterin: 0 mg; Kohlenhydrate insgesamt: 36 g; Ballaststoffe: 3 g; Eiweiß: 4 g

NUSSFREI VEGAN

Süßkartoffel-Pommes

PORTIONEN: 4 • VORBEREITUNGSZEIT: 20 MINUTEN • GARZEIT: 30 MINUTEN

Süßkartoffeln sind eine der besten Quellen für Betacarotin, das der Körper in Vitamin A umwandelt. Betacarotin ist ein kräftiges Antioxidans und schützt den Körper vor freien Radikalen, die verschiedene Krankheiten auslösen können. Das für dieses Rezept verwendete Fett, Kokosöl, steigert die Menge des Betacarotins, das der Körper aus den Süßkartoffeln aufnimmt. Lebensmittel, die als Antioxidantien gelten, sind ein wichtiger Bestandteil der Anti-Migräne-Diät in diesem Buch, da Entzündungen bei Migräneattacken eine entscheidende Rolle spielen.

4 Süßkartoffeln, gewaschen und in lange, etwa 1,2 cm dicke Spalten geschnitten
2 EL geschmolzenes Kokosöl
Prise gemahlener Cayennepfeffer
Meersalz

1. Den Backofen auf 180 °C vorheizen.
2. 2 Backbleche mit Backpapier auslegen.
3. In einer mittelgroßen Schüssel die Süßkartoffeln mit Kokosöl und Cayennepfeffer mischen.
4. Die Süßkartoffelspalten auf den Backblechen ausbreiten und etwa 30 Minuten backen, bis sie gar und braun sind.
5. Die Spalten ein wenig abkühlen lassen, dann in eine Schüssel füllen, mit Salz würzen und servieren.

PRO PORTION Kalorien: 236; Fett insgesamt: 7 g; gesättigte Fette: 6 g; Cholesterin: 0 mg; Kohlenhydrate insgesamt: 42 g; Ballaststoffe: 6 g; Eiweiß: 2 g

NUSSFREI

Pikante Calamares

PORTIONEN: 4 ○ VORBEREITUNGSZEIT: 10 MINUTEN + 1 STUNDE MARINIERZEIT ○ GARZEIT: 5 MINUTEN

Calamares werden auch Tintenfische genannt – wenn Sie die Zutaten für dieses Rezept einkaufen, sollten Sie also möglicherweise auch nach diesem Wort Ausschau halten. Frische Tintenfische haben die beste Konsistenz und einen süßen Geschmack, doch schockgefrorene Ware hat auch eine gute Qualität, da der Kopffüßer dabei häufig direkt auf dem Schiff innerhalb von wenigen Minuten nach dem Fang verarbeitet wird. Wenn Sie den Tintenfisch selbst säubern, sollten Sie darauf achten, den Schnabel aus dem Kopf und den harten Knorpel, der durch den Körper verläuft, zu entfernen. Tintenfisch enthält sehr viel Eiweiß, Eisen, Kupfer und Jod.

1 EL geschmolzenes Kokosöl
1 TL gemahlener Kreuzkümmel
½ TL Chilipulver
¼ TL gemahlene Koriandersamen
4 große Calamares, gesäubert und in 1,2 cm dicke Scheiben geschnitten
Frisch gemahlener schwarzer Pfeffer
¼ Tasse gehackter frischer Koriander

1. In einer mittelgroßen Schüssel Kokosöl, Kreuzkümmel, Chili und Koriander miteinander verrühren.
2. Den Tintenfisch hinzufügen und unterrühren, sodass die Scheiben gleichmäßig von der Gewürzmischung bedeckt werden.
3. Zum Marinieren 1 Stunde in den Kühlschrank stellen, dabei mehrfach umrühren.
4. Den Grill oder eine Grillpfanne aus dem Herd auf mittlerer bis hoher Stufe vorheizen.
5. Den Tintenfisch etwa 5 Minuten grillen, bis er gerade durchgegart ist; dabei mehrfach wenden.
6. Die Tintenfischscheiben in eine Schüssel füllen und mit Pfeffer würzen.
7. Mit Koriander bestreut servieren.

PRO PORTION Kalorien: 190; Fett insgesamt: 6 g; gesättigte Fette: 4 g; Cholesterin: 369 mg; Kohlenhydrate insgesamt: 6 g; Ballaststoffe: 0 g; Eiweiß: 27 g

Kapitel 11

Desserts

NUSSFREI VEGETARISCH SCHNELL & EINFACH

Gegrillte Pfirsiche

PORTIONEN: 4 ⭘ VORBEREITUNGSZEIT: 10 MINUTEN ⭘ GARZEIT: 5 MINUTEN

Wenn Sie bisher noch nie Obst gegrillt haben, werden Sie von dem leicht karamellisierten Ergebnis begeistert und beeindruckt sein. Am besten sollten die Pfirsiche reif, aber nicht zu weich sein. Die Haut bleibt an der Frucht, um ihr Stabilität zu verleihen. Bei der Auswahl der Pfirsiche entscheiden Sie sich am besten für Exemplare, die bei sanftem Druck mit den Fingerspitzen leicht nachgeben und einen charakteristischen, süßen Duft verströmen. Nektarinen und Aprikosen schmecken ebenfalls genial, wenn sie mit ein wenig Kokosöl und Gewürzen gegrillt werden.

4 Pfirsiche, halbiert und entsteint
1 EL geschmolzenes Kokosöl
½ TL Zimtpulver
Prise gemahlene Gewürznelken
Prise Meersalz
½ Tasse frisch geschlagene Sahne

1. Den Grill oder eine Grillpfanne auf dem Herd auf mittlerer Stufe vorheizen. Den Grill sehr gut reinigen.
2. Die Schnittflächen der Pfirsiche mit Kokosöl einpinseln.
3. Die Pfirsiche mit Zimt, Gewürznelken und Salz bestreuen.
4. Die Pfirsiche mit der Schnittfläche nach unten etwa 5 Minuten grillen, bis sie zart und ganz leicht angekohlt sind.
5. Die Pfirsichhälften warm mit jeweils 1 EL geschlagener Sahne servieren.

Allergieanpassung: Wenn Sie keine Laktose vertragen, ersetzen Sie die Schlagsahne durch luftig aufgeschlagene Kokoscreme. Dazu schöpfen Sie die festen Bestandteile einer gekühlten Dose vollfetter Kokosmilch, die sich oben abgesetzt haben, ab und schlagen Sie mit einem Handrührgerät auf, bis die gewünschte Konsistenz erreicht ist.

PRO PORTION Kalorien: 94; Fett insgesamt: 6 g; gesättigte Fette: 5 g; Cholesterin: 10 mg; Kohlenhydrate insgesamt: 10 g; Ballaststoffe: 2 g; Eiweiß: 1 g

NUSSFREI VEGAN

Pochierte Birnen

PORTIONEN: 4 ○ VORBEREITUNGSZEIT: 20 MINUTEN ○ GARZEIT: 30 MINUTEN

Für diese großartigen Birnen sind ein wenig Geduld und eine ruhige Hand beim Schälen erforderlich. Jede Kerbe in der Oberfläche der geschälten Birne wird nach dem Pochieren sichtbar sein: Also sollten Sie die Früchte mit langen, geschmeidigen Bewegungen schälen. Zusätzliches Aroma können Sie diesem Dessert verleihen, indem Sie eine Zimtstange oder ein paar Gewürznelken in die Pochierflüssigkeit legen. Denken Sie daran, die Gewürze zu entfernen, bevor Sie die reduzierte Soße über Ihre fertigen Birnen gießen. Forellenbirnen sind besonders gut zum Pochieren geeignet, da sie klein sind, eine schöne Form sowie eine feste Konsistenz haben und in der Pochierflüssigkeit nicht breiig werden.

1 Tasse Wasser
2 Päckchen Stevia (à 7 g)
1 TL reiner Vanilleextrakt
4 Forellenbirnen, sorgfältig geschält und entkernt

1. In einem mittelgroßen Topf auf mittlerer Stufe Wasser, Stevia und Vanille zum Kochen bringen.
2. Die Hitze auf niedrige Stufe reduzieren, sodass die Flüssigkeit sanft köchelt.
3. Vorsichtig die Birnen in die köchelnde Flüssigkeit legen und den Topf abdecken.
4. Die Birnen insgesamt etwa 20 Minuten pochieren, bis sie gar sind; dabei mehrfach wenden, damit alle Seiten einmal in der Flüssigkeit liegen.
5. Mit einem Schaumlöffel die Birnen herausholen, auf einen Teller legen und beiseitestellen.
6. Die Hitze auf mittlere Stufe erhöhen und die Pochierflüssigkeit wieder zum Kochen bringen.
7. Etwa 5 Minuten kochen, bis die Flüssigkeit auf die Hälfte reduziert und sirupartig ist.
8. Die reduzierte Flüssigkeit über die Birnen gießen und servieren.

PRO PORTION Kalorien: 121; Fett insgesamt: 0 g; gesättigte Fette: 0 g; Cholesterin: 0 mg; Kohlenhydrate insgesamt: 32 g; Ballaststoffe: 7 g; Eiweiß: 1 g

NUSSFREI VEGAN

Selbst gemachtes Apfelmus

PORTIONEN: 4 ○ VORBEREITUNGSZEIT: 10 MINUTEN ○ GARZEIT: 30 MINUTEN

Ein Schongarer ist eine wunderbare Methode, um ohne Beaufsichtigung ein perfektes Apfelmus selbst herzustellen. Wenn Sie einen großen Schongarer haben, können Sie auch die Zutatenmenge verdoppeln, um das Gerät ganz auszulasten. Werfen Sie einfach alle Zutaten in den Schongarer und kochen Sie das Apfelmus auf kleiner Stufe etwa 7 Stunden. Dann pürieren Sie die Äpfel und können sie servieren. Sollten Sie sehr feines Apfelmus bevorzugen, füllen Sie die gegarten Äpfel und die gesamte Flüssigkeit aus dem Schongarer oder Topf in eine Küchenmaschine oder einen Mixer, um alles zusammen zu pürieren.

6 Granny-Smith-Äpfel,
geschält, entkernt und gehackt
½ Tasse Wasser
1 TL Zimtpulver
2 Päckchen Stevia (à 7 g)
¼ TL geriebener frischer Ingwer
Prise Meersalz

1. In einem mittelgroßen Topf auf mittlerer Stufe Äpfel, Wasser, Zimt, Stevia, Ingwer und Salz zum Kochen bringen.
2. Die Hitze auf niedrige Stufe reduzieren und die Äpfel etwa 30 Minuten köcheln lassen, bis sie sehr weich sind.
3. Die Äpfel vom Herd nehmen und mit einer Gabel oder einem Kartoffelstampfer zerdrücken, bis das Apfelmus die gewünschte Konsistenz hat.
4. Gegebenenfalls nachwürzen, dann warm oder gekühlt servieren.
5. Das Apfelmus hält sich in einem luftdicht abschließenden Behälter im Kühlschrank bis zu eine Woche.

PRO PORTION Kalorien: 96; Fett insgesamt: 0 g; gesättigte Fette: 0 g; Cholesterin: 0 mg; Kohlenhydrate insgesamt: 26 g; Ballaststoffe: 5 g; Eiweiß: 1 g

NUSSFREI VEGAN

Melonen-Granita

PORTIONEN: 4 ○ VORBEREITUNGSZEIT: 15 MINUTEN + 8 STUNDEN GEFRIERZEIT

Granita ist die Erwachsenenversion süßer Eiskreationen, bei der Sie eher feste Eiskristalle als eine cremige Konsistenz erwarten sollten. Diese süße, grob strukturierte Leckerei kommt ursprünglich aus Italien, wo sie früher aus gesüßten Fruchtsäften und Schnee vom Vulkan Ätna hergestellt wurde. Wenn Sie eine weichere, geschmeidige Konsistenz bevorzugen, können Sie die gefrorene Fruchtmischung in eine Küchenmaschine oder einen Mixer füllen und kurz pürieren, bis die Masse an Sorbet erinnert.

2 Tassen gewürfelte Cantaloupe-Melone
2 Tassen gewürfelte Wassermelone
½ Salatgurke, geschält und gewürfelt
1 EL gehackte frische Pfefferminze
1 TL gehackter frischer Thymian

1. In einer Küchenmaschine oder einem Mixer Cantaloupe-Melone, Wassermelone, Salatgurke, Pfefferminze und Thymian pürieren, bis die Masse sehr geschmeidig ist.
2. Die Melonenmischung in eine Backform aus Metall (23 x 33 cm) füllen.
3. Die Backform 2 Stunden einfrieren.
4. Die teilweise gefrorene Mischung umrühren, die Masse von den Seiten herunterschaben. Dann die Backform wieder ins Gefrierfach stellen.
5. Jede Stunde die Masse mit einer Gabel von den Seiten und dem Boden abschaben, bis die Granita nach etwa 6 Stunden fest zu werden beginnt.
6. Wenn die Granita serviert werden soll, mit einer Gabel etwas von der Mischung abschaben, bis die Konsistenz an Schnee erinnert.
7. Die Granita in einem luftdicht abgeschlossenen Behältnis im Gefrierfach bis zu einem Monat aufbewahren und etwas davon abschaben, wann immer Sie Lust auf Granita haben.

PRO PORTION Kalorien: 48; Fett insgesamt: 0 g; gesättigte Fette: 0 g; Cholesterin: 0 mg; Kohlenhydrate insgesamt: 11 g; Ballaststoffe: 5 g; Eiweiß: 1 g

NUSSFREI VEGETARISCH

Mango-Eis

PORTIONEN: 4 ○ VORBEREITUNGSZEIT: 10 MINUTEN + GEFRIERZEIT

Sie benötigen eine Eismaschine, um dieses Rezept perfekt hinzubekommen; aber falls Sie ein solches Gerät nicht besitzen, tun es notfalls auch ein Mixer und ein Gefrierfach. Dann frieren Sie die Mango-Sahne-Mischung ein, bis sie fest ist, und füllen sie dann im Ganzen in einen Mixer oder eine Küchenmaschine. Pürieren Sie nun die Mischung, bis sie an Softeis erinnert, – dann sofort servieren. Das können Sie nur ein einziges Mal machen: Also brechen oder schneiden Sie so viel von der gefrorenen Mangomischung ab, wie Sie benötigen.

4 reife Mangos, geschält, entsteint, und in Stücke geschnitten
¼ Tasse Sahne
½ TL reiner Vanilleextrakt
¼ TL geriebene Muskatnuss

1. In einer Küchenmaschine oder einem Mixer Mango, Sahne, Vanille und Muskatnuss pürieren, bis sie cremig sind.
2. Die Mischung in eine Eismaschine füllen und gemäß den Anweisungen des Herstellers gefrieren lassen.
3. Das Eis in einem luftdicht abschließenden Gefäß im Gefrierfach bis zu einem Monat aufbewahren.

PRO PORTION Kalorien: 173; Fett insgesamt: 3 g; gesättigte Fette: 2 g; Cholesterin: 10 mg; Kohlenhydrate insgesamt: 36 g; Ballaststoffe: 4 g; Eiweiß: 1 g

NUSSFREI

Heidelbeer-Pannacotta

PORTIONEN: 4 ○ VORBEREITUNGSZEIT: 20 MINUTEN + 3 STUNDEN RUHEZEIT ○ GARZEIT: 10 MINUTEN

Gelatine ist keine so einschüchternde Zutat, wie Sie vielleicht glauben; sie ist unkompliziert und zaubert wunderbare Ergebnisse. Üblicherweise ist Gelatine in Blattform erhältlich: Für deren Herstellung werden einfach Gelatinepartikel zu flachen Blättern gepresst. Blattgelatine liefert ein durchscheinenderes, klareres Endprodukt als gemahlene oder flüssige Gelatine. Achten Sie darauf, die Gelatineblätter nicht in kochende Flüssigkeit zu legen und nicht zu lange einzuweichen, da sie sich sonst auflösen und nicht mehr verwendbar sind. Für diesen cremigen Nachtisch können Sie auch Gelatine in Pulver- oder Flüssigform verwenden.

3 Gelatineblätter
¼ Tasse kaltes Wasser
2 Tassen Sahne
1 Tasse ungesüßte Reismilch
1 EL Stevia
2 TL reiner Vanilleextrakt
2 Tassen Heidelbeeren

1. In einer kleinen Schüssel die Gelatineblätter etwa 5 Minuten im Wasser einweichen.
2. In einem großen Topf auf mittlerer Stufe Sahne, Milch, Stevia und Vanille verrühren.
3. Etwa 10 Minuten erhitzen, aber nicht kochen! Dann die Sahnemischung vom Herd nehmen.
4. Die Gelatineblätter aus dem Wasser holen und überschüssiges Wasser ausdrücken.
5. Die Gelatineblätter in die warme Sahnemischung legen und umrühren, bis sie sich aufgelöst haben.
6. Die Mischung auf 4 Schalen verteilen und etwa 3 Stunden kalt stellen, bis die Pannacotta gestockt ist.
7. Mit frischen Heidelbeeren bestreut servieren.

PRO PORTION Kalorien: 270; Fett insgesamt: 23 g; gesättigte Fette: 14 g; Cholesterin: 82 mg; Kohlenhydrate insgesamt: 14 g; Ballaststoffe: 1 g; Eiweiß: 4 g

NUSSFREI VEGETARISCH

Pfirsich-Sahne-Eis am Stiel

PORTIONEN: 12 ○ VORBEREITUNGSZEIT: 15 MINUTEN + 3-4 STUNDEN GEFRIERZEIT ○ GARZEIT: 5 MINUTEN

Heiße Sommertage verlangen nach einem Eis zum Abkühlen und Schlemmen. Fast jedes Kaufhaus bietet Formen zur Herstellung von Eis am Stiel in verschiedenen Farben, Größen und Ausgestaltungen an – es war also nie einfacher, es selber zu machen. Die Pfirsiche können Sie auch durch Erdbeeren, Heidelbeeren, Mangos oder Nektarinen ersetzen. Und wenn Sie eine interessante Konsistenz in Ihrem Eis haben möchten, können Sie fein gehackte Fruchtstückchen unter die fertig pürierte Mischung rühren. Sollten Sie Kalorien sparen wollen, verwenden Sie statt der fetten Sahne Reismilch – auch so schmeckt das Eis noch köstlich.

4 große reife Pfirsiche, geschält, entsteint und gewürfelt
2 EL Wasser
1 Tasse Sahne
1 TL reiner Vanilleextrakt
¼ TL Zimtpulver

1. In einem kleinen Kochtopf auf mittlerer bis hoher Stufe die Pfirsiche in dem Wasser etwa 5 Minuten kochen, bis das Obst weich ist.
2. Die garen Pfirsiche in einem Mixer pürieren.
3. Sahne, Vanille und Zimt hinzufügen und alles zusammen geschmeidig pürieren.
4. Die Mischung in die Eisformen füllen und 3 bis 4 Stunden einfrieren, bis die Masse sehr fest geworden ist.
5. Servieren.

PRO PORTION Kalorien: 47; Fett insgesamt: 4 g; gesättigte Fette: 2 g; Cholesterin: 14 mg; Kohlenhydrate insgesamt: 4 g; Ballaststoffe: 1 g; Eiweiß: 1 g

NUSSFREI VEGAN

Honigmelone-Minz-Eis am Stiel

PORTIONEN: 12 ○ VORBEREITUNGSZEIT: 20 MINUTEN + 3-4 STUNDEN GEFRIERZEIT:

Honigmelonen bekommen oft nicht so viel Aufmerksamkeit, da ihnen Wassermelonen und Cantaloupe-Melonen die Show stellen. Doch Honigmelonen enthalten sehr viel Vitamin B6 und C sowie Eisen, Kalium und Ballaststoffe. Das Problem ist allerdings: Wenn Sie eine unreife Frucht erwischen, schmeckt die Melone unangenehm; doch die Wahl einer reifen Honigmelone fällt unter Umständen schwer. Beim Kauf sollten Sie sich die Frucht unter die Nase halten: Wenn sie nicht nach Melone duftet, ist sie nicht reif.

1 Honigmelone, entkernt, geschält und in Stücke geschnitten
½ Salatgurke, in Stücke geschnitten
¼ Tasse frische Pfefferminze
7 g Stevia
¼ TL gehackter frischer Thymian

1. In einer Küchenmaschine oder einem Mixer Honigmelone, Salatgurke, Pfefferminze, Stevia und Thymian pürieren, bis eine sehr geschmeidige Mischung entsteht.
2. Die Mischung in die Eisformen füllen und 3 bis 4 Stunden einfrieren, bis die Masse sehr fest geworden ist.
3. Servieren.

PRO PORTION Kalorien: 41; Fett insgesamt: 0 g; gesättigte Fette: 0 g; Cholesterin: 0 mg; Kohlenhydrate insgesamt: 10 g; Ballaststoffe: 1 g; Eiweiß: 1 g

NUSSFREI VEGETARISCH

Heidelbeerauflauf

PORTIONEN: 4 ○ VORBEREITUNGSZEIT: 25 MINUTEN ○ GARZEIT: 40 MINUTEN

Xanthan ist ein Verdickungsmittel und Stabilisator und wird sehr häufig bei glutenfreien Backwaren verwendet. Es wird aus Pflanzen gewonnen, hat wenige Kalorien, kann aber viel Salz enthalten – doch das ist irrelevant bei den geringen Mengen, die davon in diesem Rezept verwendet werden. Xanthan sorgt dafür, dass das Topping in knusprigen Streuseln auf der Obstmischung zusammenhält, statt darin zu versinken und an Konsistenz zu verlieren. Xanthan ist in den meisten Bioläden und Spezialabteilungen der Lebensmittelgeschäfte zu finden.

Für die Obstmischung

1 TL geschmolzenes Kokosöl, zum Einfetten

2 Tassen frische Heidelbeeren

1 EL Pfeilwurzelmehl

½ TL Stevia

½ TL Zimtpulver

Für das Topping

½ Tasse Reismehl

½ Tasse Sorghummehl

1 TL Backpulver

½ TL Xanthan

2 Päckchen Stevia (à 7 g)

¼ TL Meersalz

2 EL kaltes Kokosöl

½ Tasse Sahne

Zubereitung der Obstmischung

1. Eine Auflaufform (20 x 20 cm) leicht mit Kokosöl einfetten.
2. In einer mittelgroßen Schüssel Heidelbeeren, Pfeilwurzelmehl, Stevia und Zimt mischen.
3. Die Beerenmischung in die Auflaufform füllen und beiseitestellen.

Zubereitung des Toppings

1. Den Backofen auf 190 °C vorheizen.
2. In einer mittelgroßen Schüssel Reismehl, Sorghummehl, Backpulver, Xanthan, Stevia und Salz mischen.
3. Das Kokosöl unter die Mehlmischung kneten, bis grobe Streusel entstehen.
4. Mit einer Gabel die Sahne unterrühren, bis der Teig einheitlich wird und zusammenhält.
5. Esslöffelweise den Teig auf die Beeren krümeln; das Topping wird die Obstmischung nicht gleichmäßig bedecken.

6. Den Auflauf etwa 35 bis 40 Minuten backen, bis das Topping fest und goldbraun ist und die Heidelbeeren Blasen werfen. Dann servieren.

PRO PORTION Kalorien: 290; Fett insgesamt: 13 g; gesättigte Fette: 9 g; Cholesterin: 21 mg; Kohlenhydrate insgesamt: 40 g; Ballaststoffe: 4 g; Eiweiß: 4 g

NUSSFREI VEGAN

Apple Crumble

PORTIONEN: 4 ○ VORBEREITUNGSZEIT: 20 MINUTEN ○ GARZEIT: 45 MINUTEN

Lesen Sie sorgfältig das Etikett Ihrer Haferflockenpackung, denn viele Hersteller verarbeiten in demselben Betrieb unterschiedliche Pflanzen, sodass die Haferflocken mit anderem Getreide verunreinigt sein könnten. Haferflocken sind von Natur aus glutenfrei und häufig Bestandteil einer glutenfreien Ernährungsweise wie der Anti-Migräne-Diät. Sie enthalten sehr viele Ballaststoffe, Mangan, Phosphor und Kupfer. Haferflocken unterstützen die Gesundheit des Herz-Kreislauf-Systems und können dazu beitragen, den Blutzuckerspiegel zu senken. Achten Sie darauf, für dieses Rezept keine feinen Haferflocken zu verwenden, da große Flocken den Streuseln mehr Konsistenz verleihen.

2 EL geschmolzenes Kokosöl, plus mehr zum Einfetten
5 Granny-Smith-Äpfel, geschält, entkernt und in Scheiben geschnitten
2 EL Pfeilwurzelmehl
1 Tasse glutenfreie Haferflocken
½ TL Zimtpulver
½ TL geriebene Muskatnuss
Prise gemahlener Piment
Prise Salz

1. Den Backofen auf 180 °C vorheizen.
2. Eine Auflaufform (23 x 23 cm) leicht mit Kokosöl einfetten.
3. In einer mittelgroßen Schüssel Apfelscheiben mit Pfeilwurzelmehl mischen und in die Auflaufform füllen.
4. In einer mittelgroßen Schüssel Haferflocken, Zimt, Muskatnuss, Piment, Salz und Kokosöl mischen und verkneten, bis Streusel entstehen.
5. Die Hafermischung über die Äpfel krümeln und die Auflaufform mit Alufolie abdecken.
6. Abgedeckt 30 Minuten backen.
7. Die Folie entfernen und den Crumble weitere 15 Minuten backen, bis die Streusel leicht gebräunt sind.
8. Warm servieren.

Allergieanpassung: Nüsse können eine Migräne auslösen, doch falls Sie sie vertragen, schmeckt es köstlich, wenn Sie ½ Tasse gehackte Pekannüsse unter die Streusel rühren. Einfach unter die Hafermischung kneten und genießen.

PRO PORTION Kalorien: 272; Fett insgesamt: 9 g; gesättigte Fette: 6 g; Cholesterin: 0 mg; Kohlenhydrate insgesamt: 48 g; Ballaststoffe: 8 g; Eiweiß: 4 g

NUSSFREI VEGAN

Reispudding mit Beeren

PORTIONEN: 4 O VORBEREITUNGSZEIT: 10 MINUTEN O GARZEIT: 40 MINUTEN

Reispudding ist ein vielseitiger Nachtisch, der mit großem Erfolg in Vier-Sterne-Restaurants ebenso wie in Fernfahrerkneipen serviert wird. Warm, kalt, mit Obst oder aufwendiger Verzierung aus Karamell – dieser Pudding spricht für sich. Falls Sie Ahornsirup oder Agavendicksaft vertragen, können Sie ein wenig davon darüberträufeln, statt Stevia zu verwenden. Sollten Sie Ihren Pudding dünner bevorzugen, fügen Sie dem kochenden Reis ½ Tasse Reismilch hinzu, oder Sie gießen zusätzlich Reismilch über den Pudding, bevor Sie ihn servieren.

1 Vanilleschote, der Länge nach aufgeschnitten
2 Tassen ungesüßte Reismilch
1 Tasse weißer Reis
3 Stevia-Päckchen (à 7 g)
½ TL Zimtpulver
Prise gemahlener Piment
Prise Meersalz
2 Tassen gemischte Beeren (Erdbeeren und Heidelbeeren)

1. Die Reismilch in einem mittelgroßen Topf auf mittlerer bis hoher Stufe erhitzen. Mit der Spitze eines scharfen Messers das Mark aus der Vanilleschote schaben und der Reismilch hinzufügen.
2. Die ausgeschabte Vanilleschote in die Reismilch legen und die Mischung zum Köcheln bringen.
3. Die Hitze auf niedrige Stufe reduzieren und alles 10 Minuten köcheln lassen, damit die Milch das Vanillearoma annimmt.
4. Die Schalen der Vanilleschote aus der Reismilch entfernen. Reis, Stevia, Zimt, Piment und Salz hinzufügen.
5. Die Hitze auf mittlere Stufe erhöhen. Unter häufigem Rühren etwa 30 Minuten kochen lassen, bis der Reis weich ist und den Großteil der Flüssigkeit aufgenommen hat.
6. Den Reispudding warm und mit den Beeren bestreut servieren.

PRO PORTION Kalorien: 270; Fett insgesamt: 2 g; gesättigte Fette: 0 g; Cholesterin: 0 mg; Kohlenhydrate insgesamt: 58 g; Ballaststoffe: 3 g; Eiweiß: 4 g

NUSSFREI VEGETARISCH SCHNELL & EINFACH

Kürbis-Käsekuchen ohne Boden

PORTIONEN: 4 ○ VORBEREITUNGSZEIT: 20 MINUTEN

Beim Kochen und Backen kommt der Konsistenz eine entscheidende Bedeutung zu, insbesondere bei Desserts und Soßen. Die geschlagene Sahne verleiht diesem Nachtisch eine verführerische Mousse-Konsistenz. Der Trick besteht darin, die geschlagene Sahne sehr vorsichtig unterzuheben, damit sie so viel Volumen wie möglich beibehält. Wenn Sie sie einfach in die Kürbismischung rühren, wird der Geschmack zwar immer noch köstlich sein, doch das Gefühl des Schmelzens im Mund wird fehlen.

230 g Frischkäse, leicht erwärmt
1 Tasse reines Kürbisfleisch (aus der Dose)
1 EL Stevia
½ TL Zimtpulver
¼ TL geriebene Muskatnuss
Prise gemahlene Gewürznelken
1 Tasse Sahne

1. In einer großen Schüssel Frischkäse, Kürbis, Stevia, Zimt, Muskatnuss und Gewürznelken mit einem Handrührgerät verrühren, bis eine luftige, geschmeidige Konsistenz entsteht.
2. In einer mittelgroßen Schüssel die Sahne steif schlagen. Die geschlagene Sahne unter die Frischkäsemischung heben.
3. Die Kürbis-Frischkäse-Mischung auf 4 Servierschalen verteilen und bis zum Servieren kalt stellen.

PRO PORTION Kalorien: 324; Fett insgesamt: 31 g; gesättigte Fette: 20 g; Cholesterin: 103 mg; Kohlenhydrate insgesamt: 8 g; Ballaststoffe: 2 g; Eiweiß: 6 g

Kapitel 12

Grundrezepte

NUSSFREI VEGAN SCHNELL & EINFACH

Grill-Gewürzmischung

PORTIONEN: ½ TASSE ○ VORBEREITUNGSZEIT: 5 MINUTEN

Eine Allzweck-Gewürzmischung zur Hand zu haben, die zu rotem Fleisch ebenso wie zu Hähnchen, Schwein, Fisch, Meeresfrüchten wie zu Gemüse passt, ist praktisch, wenn Sie eine schnelle, gegrillte Mahlzeit zubereiten wollen. Diese Mischung enthält kein Salz, da Selleriesalz dieses Aroma hinzufügt und Sellerie von Natur aus salzig ist. Geräuchertes Paprikapulver passt gut zu Fleischgerichten und Koriander ist eine schöne Ergänzung für Fisch und Meeresfrüchte oder Gemüsegerichte. Da sich die Gewürzmischung in einem luftdicht abgeschlossenen Gefäß gut aufbewahren lässt, können Sie die Zutatenmengen auch verdoppeln oder verdreifachen, um immer etwas vorrätig zu haben.

2 EL Selleriesalz
2 EL getrockneter Oregano
2 EL getrockneter Thymian
1 TL frisch gemahlener schwarzer Pfeffer
½ TL getrockneter Majoran
½ TL Paprikapulver
½ TL gemahlene Koriandersamen

1. In einer kleinen Schüssel Selleriesalz, Oregano, Thymian, Pfeffer, Majoran, Paprika und Koriander gut mischen.
2. Die Gewürzmischung in ein luftdicht abschließendes Gefäß füllen und an einem kühlen, dunklen Ort bis zu 2 Monate aufbewahren.

PRO PORTION (1 EL) Kalorien: 7; Fett insgesamt: 0 g; gesättigte Fette: 0 g; Cholesterin: 0 mg; Kohlenhydrate insgesamt: 2 g; Ballaststoffe: 1 g; Eiweiß: 0 g

NUSSFREI VEGAN SCHNELL & EINFACH

Kräuterpesto

PORTIONEN: 2 TASSEN • VORBEREITUNGSZEIT: 15 MINUTEN

Pesto kann aus einer Vielzahl verschiedener Zutaten hergestellt werden, die von sonnengetrockneten Tomaten und Oliven bis hin zu Kräutern und dunklem Blattgemüse reichen. Diese Version basiert auf Kräutern, enthält ein wenig Essig und eine Prise Salz. Die Mengenangaben bei den Kräutern sind lediglich eine Empfehlung: Sie können die Zutaten so anpassen, dass die Kombination Ihnen besonders gut schmeckt. Pesto kann für viele Rezepte verwendet werden – beispielsweise in Eintöpfen, Suppen und Soßen zum Würzen, aber auch als leckeres Topping für gegrillten Fisch und Geflügel. Oder rühren Sie einen Löffel voll Pesto unter glutenfreie Nudeln, wenn Sie eine schnelle Mahlzeit brauchen.

1 Tasse frisches Basilikum
½ Tasse frischer Oregano
½ Tasse frische Pfefferminze
2 TL heller Essig
½ Tasse geschmolzenes Kokosöl
Meersalz

1. In einem Mixer Basilikum, Oregano, Pfefferminze und Essig pürieren, bis die Mischung sehr fein gehackt ist.
2. Das Kokosöl in einem dünnen Rinnsal bei laufendem Mixer hineingießen, bis das Öl verbraucht ist.
3. Den Mixer anhalten, die Kräutermischung von den Seiten des Geräts nach unten schaben, mit Salz würzen und noch einmal pürieren, bis das Pesto die gewünschte Konsistenz hat.
4. Das Pesto in einem luftdicht abschließenden Gefäß im Kühlschrank bis zu 2 Wochen aufbewahren.

Allergieanpassung: Wenn Olivenöl bei Ihnen nicht als Migränetrigger wirkt, können Sie es in diesem Pesto anstelle des Kokosöls verwenden. Natives Olivenöl extra enthält eine Menge Omega-3-Fettsäuren, die Migräne bekämpfen.

PRO PORTION (2 EL) Kalorien: 67; Fett insgesamt: 7 g; gesättigte Fette: 6 g; Cholesterin: 0 mg; Kohlenhydrate insgesamt: 2 g; Ballaststoffe: 1 g; Eiweiß: 0 g

NUSSFREI VEGAN

Dattelpaste zum Süßen

PORTIONEN: 1 TASSE ○ VORBEREITUNGSZEIT: 15 MINUTEN + EINWEICHZEIT ÜBER NACHT

Zucker und andere Süßungsmittel außer Stevia können Migräneattacken auslösen. Deshalb ist es wichtig, eine natürliche Alternative zu finden – insbesondere, wenn Sie gern Süßes mögen. Datteln sind die perfekte Grundlage für ein Süßungsmittel, da sie 63 Gramm Zucker pro 100 Gramm enthalten. Trotz ihres hohen Zuckergehalts beeinträchtigen sie den Blutzuckerspiegel nicht und gelten als Lebensmittel mit einem niedrigen glykämischen Wert. Datteln enthalten viele Ballaststoffe und Kalium, sodass sie das Verdauungssystem sowie die Gesundheit von Herz und Kreislauf unterstützen.

230 g entsteinte Datteln
½ Tasse Wasser
½ Vanilleschote
Prise Meersalz

1. In einer mittelgroßen Schüssel die Datteln im Wasser einweichen. Über Nacht kalt stellen.
2. Datteln und Wasser in einen Mixer füllen. Mit der Spitze eines scharfen Messers das Mark aus der Vanilleschote schaben und zusammen mit der Prise Salz den Datteln hinzufügen.
3. Die Mischung etwa 5 Minuten pürieren, bis sie sehr geschmeidig ist.
4. Die Paste in einem luftdicht abschließenden Gefäß im Kühlschrank bis zu einem Monat aufbewahren.

PRO PORTION (1 EL) Kalorien: 40; Fett insgesamt: 0 g; gesättigte Fette: 0 g; Cholesterin: 0 mg; Kohlenhydrate insgesamt: 11 g; Ballaststoffe: 1 g; Eiweiß: 0 g

NUSSFREI

Einfacher Hühnerfond

PORTIONEN: 8 TASSEN ○ VORBEREITUNGSZEIT: 15 MINUTEN ○ GARZEIT: 12 STUNDEN

Kommerziell zubereiteter Fond kann Gluten und Glutamat sowie eine Menge Salz und schädliche Zusatzstoffe enthalten. Deshalb sollte es beim Versuch, Ihre Migränetattacken unter Kontrolle zu bringen, auf Ihrer Prioritätenliste ganz weit oben stehen, Ihren eigenen Fond zu kochen. Dieses einfache Rezept kann dabei einmal pro Monat auf Ihrer Liste stehen, damit Sie auf jeden Fall Fond zur Hand haben, wenn Sie ihn zum Kochen brauchen. Frieren Sie den Hühnerfond in Dosen oder Eiswürfelbehältern ein.

Knochen von 2 Hähnchen
4 Schalotten, zerdrückt
2 Karotten, geschält und grob gehackt
2 Stangen Sellerie, geviertelt
4 frische Thymianzweige
2 Lorbeerblätter
1 TL schwarze Pfefferkörner

1. Den Backofen auf 180 °C vorheizen.
2. Die Hähnchenknochen auf einem Backblech 30 Minuten rösten.
3. Dann die Knochen in einen großen Topf füllen und Schalotten, Karotten, Sellerie, Thymian, Lorbeerblätter, Pfefferkörner und ausreichend Wasser hinzufügen, um die Zutaten 8 cm hoch zu bedecken.
4. Den Inhalt des Topfes auf hoher Stufe zum Kochen bringen.
5. Die Hitze auf niedrige Stufe reduzieren und die Hähnchen-Knochenbrühe 12 Stunden sanft köcheln lassen; dabei alle paar Stunden umrühren. Den Topf vom Herd nehmen und den Fond 15 Minuten abkühlen lassen.
6. Mit einer Grillzange alle großen Hähnchenknochen entfernen; dann den Fond durch ein feinmaschiges Sieb abgießen und die herausgesiebten festen Bestandteile wegwerfen.
7. Den Fond in Dosen oder Gläser gießen und vollständig auskühlen lassen.
8. In luftdicht abschließenden Behältern oder Gläsern im Kühlschrank bis zu 3 Tage aufbewahren oder bis zu 3 Monate einfrieren.

PRO PORTION (1 Tasse) Kalorien: 30; Fett insgesamt: 3 g; gesättigte Fette: 1 g; Cholesterin: 0 mg; Kohlenhydrate insgesamt: 0 g; Ballaststoffe: 0 g; Eiweiß: 1 g

NUSSFREI

Dunkler Rinderfond

PORTIONEN: 8 TASSEN ○ VORBEREITUNGSZEIT: 15 MINUTEN ○ GARZEIT: 24 STUNDEN

Wenn Sie die Rinderknochen rösten, bevor Sie den Fond herstellen, erhält dieser ein tieferes, reicheres Aroma und eine schöne, dunkle Färbung. Sollten Sie eine hellere Brühe mit feinerem und leichterem Geschmack bevorzugen, verzichten Sie auf das Rösten der Knochen und lassen sie mit den anderen Zutaten zusammen lediglich etwa 1 Stunde köcheln, bevor Sie die festen Bestandteile herausfiltern. Eine kürzere Kochzeit reduziert die Menge an Nährstoffen und den Geschmack der Flüssigkeit. Rinderbrühe kann auf dieselbe Weise aufbewahrt werden wie Rinderfond.

900 g Rinderknochen
3 Schalotten, leicht zerdrückt
2 Karotten, geschält und grob gehackt
2 Stangen Sellerie, in Stücke geschnitten
4 frische Thymianzweige
½ Tasse frische Petersilie
3 Lorbeerblätter
1 TL schwarze Pfefferkörner

1. Den Backofen auf 180 °C vorheizen.
2. Die Rinderknochen auf einem Backblech 30 Minuten rösten.
3. Dann die Knochen in einen großen Topf füllen und Schalotten, Karotten, Sellerie, Thymian, Petersilie, Lorbeerblätter, Pfefferkörner und ausreichend Wasser hinzufügen, um die Zutaten 8 cm hoch zu bedecken.
4. Den Inhalt des Topfes auf hoher Stufe zum Kochen bringen.
5. Die Hitze auf niedrige Stufe reduzieren und den Fond 24 Stunden köcheln lassen.
6. In den ersten 3 Stunden alle halbe Stunde alles abschöpfen, was sich an der Oberfläche der Flüssigkeit absetzt.
7. Den Topf vom Herd nehmen und 15 Minuten abkühlen lassen.
8. Mit einer Grillzange alle großen Rinderknochen entfernen; dann den Fond durch ein feinmaschiges Sieb abgießen und die herausgesiebten festen Bestandteile wegwerfen.
9. Den Fond in Dosen oder Gläser gießen und vollständig auskühlen lassen.
10. In luftdicht abschließenden Behältern oder Gläsern im Kühlschrank bis zu 5 Tage aufbewahren oder bis zu 3 Monate einfrieren.

PRO PORTION (1 Tasse) Kalorien: 80; Fett insgesamt: 5 g; gesättigte Fette: 1 g; Cholesterin: 0 mg; Kohlenhydrate insgesamt: 0 g; Ballaststoffe: 0 g; Eiweiß: 4 g

Anhang A

Tipps zum Essen außer Haus

Ob Sie sich in der Ausschlussphase oder in der Langzeit-Durchführung der *Anti-Migräne-Diät* befinden – vermutlich fragen Sie sich, ob und wie Sie in Restaurants essen gehen können. Die gute Nachricht ist, dass Sie von nun an nicht jede Einladung zum Abendessen ablehnen müssen.

Lebensmittelallergien nehmen in unserer Gesellschaft stark zu, sodass sich die Restaurants darauf eingestellt haben, auf individuelle Kundenwünsche einzugehen. Die folgenden Tipps zeigen Ihnen, wie einfach es ist, auswärts zu essen, ohne die Regeln Ihres neuen Lebensstils außer Acht zu lassen.

Erkundigen Sie sich. Wenn Sie im Voraus wissen, in welchem Restaurant Sie essen werden, können Sie planen. Besuchen Sie die Internetseite des Restaurants, um zu sehen, ob online Nährstoff- oder Allergeninformationen zur Verfügung gestellt werden, und suchen Sie sich ein geeignetes Gericht aus. Alternativ können Sie dort anrufen, um sicherzustellen, dass man Ihnen etwas Passendes servieren kann. Für die Kellner ist es häufig einfacher, mit dem Koch zu kommunizieren, wenn Sie in einer ruhigen Phase des Tages anrufen, statt zu einer geschäftigen Essenszeit.

Seien Sie bei der Suche eines Restaurants wählerisch. Manchmal haben Sie darauf keinen Einfluss, doch falls es möglich ist, sollten Sie in einem größeren, etablierten Restaurant essen, da man dort im Allgemeinen mehr Erfahrung damit hat, auf die Bedürfnisse der Gäste einzugehen. Bei Restaurantketten ist darüber hinaus die Wahrscheinlichkeit größer, dass Nährwertinformationen im Internet zur Verfügung gestellt werden.

Unterstützen Sie Ihren Kellner. Seien Sie freundlich zu Ihrem Kellner und erklären Sie Ihre Ernährungsbedürfnisse. Umschreiben Sie Ihre Empfindlichkeiten als „Allergien", dann wird man wahrscheinlich bemüht sein, alles Mögliche zu tun, um zu verhindern, dass Sie krank werden. Wenn das Personal Ihnen einen besonders guten Service bietet, sollten Sie ein großzügiges Trinkgeld dalassen.

Scheuen Sie sich nicht zu fragen. Wenn Sie auf der Speisekarte nichts entdecken, was zu Ihren Ernährungsanforderungen passt, versuchen Sie, etwas zu bestellen, das nicht auf der Karte steht. Auch dann werden die meisten Restaurants in der Lage sein, Ihnen ein Steak, Hähnchenfleisch oder Fisch ohne zusätzliche Gewürze und mit frischem Gemüse als Beilage zuzubereiten.

Denken Sie daran: Einfach ist am besten. Behalten Sie sich kompliziertere Speisen für zu Hause vor, wo Sie sie selbst ohne unerwünschte Überraschungen zubereiten können.

Besuchen Sie bewährte Restaurants abwechselnd. Nachdem Sie in ein paar Restaurants gegessen haben, die sich gern auf Ihre Bedürfnisse eingestellt haben, können Sie diese abwechselnd aufsuchen. Sofern Sie ein gutes Trinkgeld gegeben haben, wie bereits vorgeschlagen, wird man sich wahrscheinlich an Ihre besonderen Bedürfnisse erinnern und gerne auch in Zukunft für Sie da sein.

Vermeiden Sie es, während Stoßzeiten essen zu gehen. Es ist für ein Restaurant deutlich einfacher, Empfehlungen auszusprechen und sicherzustellen, dass Ihre Speisen keine allergenen Zutaten enthalten, wenn nicht alle Tische voll besetzt sind. Falls Sie zum Abendessen ausgehen, sollten Sie versuchen, vor 18 Uhr oder nach 21 Uhr zu essen.

Sprechen Sie mit jedem, sofern nötig. Sollten Sie der Ansicht sein, dass Ihr Kellner Ihre Allergien nicht ernst nimmt, oder falls dieser sich über die Zutaten eines bestimmten Gerichts nicht sicher ist, bitten Sie darum, mit dem Chef oder Koch persönlich reden zu dürfen. Wenn Ihr Instinkt Ihnen sagt, dass etwas nicht in Ordnung ist, sollten Sie sich nicht scheuen, das Restaurant zu verlassen und anderswo essen zu gehen.

Legen Sie sich einen Plan B zurecht. Wenn Sie im Voraus anrufen und feststellen, dass das ausgesuchte Restaurant nichts für Sie Passendes anbietet, Sie aber keine andere Wahl haben, als dorthin zu gehen, sollten Sie frühzeitig daheim etwas zu sich nehmen und dann nur noch ein Getränk bestellen, während die anderen Gäste etwas essen.

Bereiten Sie sich vor. Manchmal sind Sie vielleicht den ganzen Tag über unterwegs und haben Hunger, weil es nur unpassende Restaurants in Ihrer Umgebung gibt. Statt dann hoch allergene Nahrung zu sich zu nehmen und einen Migräneanfall zu riskieren, sollten Sie stets Snacks dabeihaben, die Sie über die Runden bringen, bis Sie eine bessere Speiseoption gefunden haben oder zu Hause essen können.

Anhang B

Einkaufsmöglichkeiten

Wann immer es möglich ist, sollten Sie Fleisch, Obst und Gemüse aus Bioproduktion kaufen. In einem normalen Lebensmittelladen ist das unter Umständen nicht immer ganz einfach; deshalb wäre es am besten, nach den folgenden Optionen Ausschau zu halten.

Bauernmärkte

Bauernmärkte bieten eine große Vielfalt an frischen, regionalen und saisonalen Erzeugnissen. Die meisten Landwirte, die auf solchen Märkten verkaufen, produzieren ihr Obst und Gemüse nach Bio-Standards, sodass Sie hier Nahrung einer besseren Qualität erhalten. Darüber hinaus und im Gegensatz zu einem normalen Lebensmittelgeschäft sind auf dem Bauernmarkt Bio-Obst und -Gemüse selten teurer als Ware aus konventionellem Anbau. Außerdem unterstützen Sie die örtliche Wirtschaft, wenn Sie auf einem Bauernmarkt einkaufen.

Solidarische Landwirtschaft

Unter *Solidarischer Landwirtschaft* (SoLaWi) versteht man Programme, bei denen man „Anteile" an einem örtlichen Bauernhof erwirbt und dafür im Austausch wöchentlich Obst, Gemüse und andere landwirtschaftliche Erzeugnisse wie Eier, Milch, Butter und Honig erhält. An einem solchen Programm teilzunehmen, kann Ihre Kreativität fördern, da Sie Produkte bekommen, die Sie ansonsten möglicherweise nicht gekauft hätten; und es kann Sie dazu motivieren, selbst zu kochen, statt auswärts zu essen, da Sie nicht wollen, dass die Lebensmittel, die Sie daheim haben, verderben.

Kooperativen und Bauernstände

Bio-Einkaufskooperativen stellen eine erschwingliche Möglichkeit dar, Bio-Erzeugnisse aus der Region zu finden. *Bauernstände* gibt es auf Bauernmärkten.

Fleisch, Fisch und Meeresfrüchte in Bio-Qualität

Indem Sie Bio-Fleisch von Tieren kaufen, die in natürlicher Weise gehalten werden, vermeiden Sie, Hormone, Antibiotika, Pestizide und Chemikalien aufzunehmen, die Tieren aus konventioneller Haltung verabreicht werden. Die besten Optionen sind mit Gras gefütterte Rinder, Geflügel aus Freilandhaltung, Fisch aus Wildfang und Schweine aus Weidehaltung.

Wann immer es möglich ist, sollten Sie Fleisch essen, das eindeutig sowohl aus Weidehaltung als auch aus Bio-Produktion stammt. Wenn es in Ihrer Nähe keinen Bauernmarkt gibt, kaufen Sie am besten Bio-Fleisch aus Weidehaltung oder Bio-Fisch.

Informationsquellen

Die folgende Liste zusätzlicher Quellen kann Ihnen dabei helfen, sich weitere Informationen über Migräne zu besorgen.

The Alliance for Headache Disorders Advocacy ist eine gemeinnützige Organisation, die sich mit der Suche nach besseren Behandlungsmöglichkeiten für alle Kopfschmerzpatienten beschäftigt.
info@headacheadvocacy.org.
www.allianceforheadacheadvocacy.org

Auch bei **The American Council for Headache Education** handelt es sich um eine gemeinnützige Organisation. Sie stellt Gesundheitsdienstleistern Bildungsmaterialien zur Verfügung, um über die Mechanismen und Behandlungsmöglichkeiten bei Kopfschmerzen zu informieren.
achehq@talley.com. www.achenet.org
Tel.: 001/856/4230258.

Die **US-amerikanische Kopfschmerzgesellschaft** ist ein professioneller Verband für Gesundheitsdienstleister, die sich der Erforschung und Behandlung von Kopf- und Gesichtsschmerz verschrieben haben.
ahshq@talley.com
www.americanheadachesociety.org
Tel.: 001/856/4230043.

The Association of Migraine Disorders wurde von den Hals-Nasen-Ohren-Ärzten Dr. Frederick Godley und Dr. Michael Teixido gegründet, die erkannten, dass Migräniker häufig unter neurologischen Symptomen leiden, die keine Kopfschmerzen umfassen.
info@Migrainedisorders.org
www.Migrainedisorders.org

Headache and Migraine News ist eine Internetseite, die neueste Informationen über Migräne, Cluster-Kopfschmerz und Behandlungsoptionen rund um die Welt enthält.
www.headacheandmigrainenews.com.

Die Internetseite der **Migraine Research Foundation** liefert ein Verzeichnis aller Ärzte in den Vereinigten Staaten, die sich auf Migräne und Kopfschmerzen spezialisiert haben. Sie finden Sie unter www.Migraineresearchfoundation.org/diplomates.html.

Migraine.com bietet Artikel, Foren und Umfragen zu Migräne und Kopfschmerzen.
www.Migraine.com

MigraineCast ist ein wöchentlicher Podcast, der Informationen und Unterstützung für Migräniker bietet.
www.Migrainecast.com

The National Headache Foundation wurde gegründet, um die Wahrnehmung von Kopfschmerzen und Migräne als ernst zu nehmende, neurobiologische Erkrankungen zu verbessern und die Erforschung von möglichen Ursachen und Behandlungsoptionen voranzutreiben.
info@headaches.org
www.headaches.org
Tel.: 001/888/6435552.

Das **National Institute of Neurological Disorders and Stroke** hat es sich zur Aufgabe gemacht, die Last neurobiologischer Erkrankungen zu lindern. Zu diesem Zweck geht es um die Vertiefung des Wissens über das Gehirn und das Nervensystem.
www.ninds.nih.gov/disorders/Migraine/Migraine.htm.
Tel.: 001/800/3529424.

Literaturhinweise

American Headache Society. „Epidemiology and Impact of Headache and Migraine."

Aufgerufen am 18. September 2015. https://americanheadachesociety.org/wp-content/uploads/2016/07/NAP_for_Web_-_Epidemiology__Impact_of_Headache__Migraine.pdf

Cady, R.K., K. Farmer, J.K. Dexter, and J. Hall. „The Bowel and Migraine: Update on Celiac Disease and Inflammatory Bowel Disease." Curr Pain Headache Rep 16, Nr. 3 (Juni 2012), S. 278-286

Celiac Central. „Non-Celiac Gluten Sensitivity." Aufgerufen am 22. September 2015. www.celiac-central.org/non-celiac-gluten-sensitivity/

Centers for Disease Control and Prevention. „Ambulatory Health Care Data." Aufgerufen am 4. September 2015. www.cdc.gov/nchs/ahcd.htm/

Collective Evolution. „Most Human Beings are Lactose Intolerant: Here's Why." Aufgerufen am 17. Oktober 2015. www.collective-evolution.com/2013/04/03/over-75-of-earths-population-is-lacto-seintolerant-for-a-reason-dairy-is-harmful/

EatRight Ontario. „The Truth About Nitrates." Aufgerufen am 9. September 2015. www.eatrighton-tario.ca/en/Articles/Food-technology/Biotechnology/Novelfoods/The-truth-about-nitrates.aspx/

Fallon, Sally and Mary G. Enig. „Inside Japan: Surprising Facts About Japanese Foodways." 1. Januar 2000. www.westonaprice.org/health-topics/inside-japan-surprisingfacts-about-japanese-food-ways/#sthash.oS8Kop4R.dpuf.

Life Enhancement. „Coenzyme Q10 Helps Prevent Migraine." Aufgerufen am 16. Oktober 2015. www.life-enhancement.com/magazine/article/1072-coenzyme-q10-helps-prevent-migraine/

Life Extension. „Preventing Migraine Pain with Butterbur." Aufgerufen am 16. Oktober 2015. www.lifeextension.com/magazine/2008/8/Preventing-Migraine-Pain-with-Butterbur/Page-01/

Lipton, R.B., W.F. Stewart, S. Diamond, M.L. Diamond, M. Reed. „Prevalence and Burden of Migraine in the United States: Data From the American Migraine Study II." Headache: The Journal of Head and Face Pain 41, Nr. 7 (Juli 2001). S. 646-657

Magnesium Online Resource Center. „Understanding What Causes Migraine Headaches, Depression, Insomnia, and Bipolar Symptoms and Signs." Aufgerufen am 16. Oktober 2015. www.mg12.info /articles/migraine-headache.html/

Marcus, D.A., L. Scharff, D. Turk, and L.M. Gourley. „A Double-Blind Provocative Study of Chocolate as a Trigger of Headache." Cephalalgia 17, Nr. 8 (Dezember 1997), S. 855-862

Migraine.com. „Feverfew for the Treatment of Migraine Headaches: An Introduction." Aufgerufen am 16. Oktober 2015. migraine.com/migraine-treatment/natural-remedies/feverfew/.

„Ginger for the Treatment of Migraine Headaches: An Introduction." Aufgerufen am 21. September 2015. migraine.com/migrainetreatment/natural-remedies/ginger-for-migraine-headaches/.

„Migraine Statistics." Aufgerufen am 12. Juli 2015. http://migraine.com/migraine-statistics/

„Migraines in Children and Teens." Aufgerufen am 25. Oktober 2015. migraine.com/migraines-in-children-and-teens/

The Migraine Trust. „Menstruation and Migraine." Aufgerufen am 18. September 2015. www.migrainetrust.org/factsheetmenstruation-and-migraine-10883/

National Headache Foundation. „Chocolate: Headache Friend or Foe?" Aufgerufen am 22. September 2015. www.headaches.org/2009/10/02/chocolate-headache-friend-or-foe/

Pribila, B.A., S.R. Hertzler, B.R. Martin, C.M. Weaver, D.A. Savaiano. „Improved Lactose Digestion and Intolerance Among African-American Adolescent Girls Fed a Dairy Rich Diet." Journal of the Academy of Nutrition and Dietetics 100, Nr. 5 (Mai 2000), S. 524-528

Rees, T., D. Watson, S. Lipscombe, H. Speight, P. Cousins, G. Hardman, A. Dowson. „A Prospective Audit of Food Intolerance Among Migraine Patients in Primary Care Clinical Practice." Headache Care 2, Nr. 1 (Juni 2005), S. 11-14

Samsel, A. „Obesity, Corn, GMOs." Aufgerufen am 22. September 2015. ww.cornucopia.org/2012/07/obesity-corn-gmos/

Smitherman, T.A., R. Burch, H. Sheikh, and E. Loder. „The Prevalence, Impact, and Treatment of Migraine and Severe Headaches in the United States: A Review of Statistics from National Surveillance Studies." Headache: The Journal of Head and Face Pain 53 (März 2013), S. 427-436

„Vitamins for Migraine - 2007." Aufgerufen am 16. Oktober 2015. www.migrainetrust.org/research-articlevitamins-for-migraine-2007-11209/

WebMD. „Feverfew." Aufgerufen am 16. Oktober 2015. www.webmd.com/vitamins-supplements/ingredientmono-933-feverfew.id=933&activeingredientname=feverfew/

Rezeptverzeichnis

Index

D

E

F

L

M

N

O

P

Q

R

S

T

U

V

W

Y

Z

Über die Autorin

Als Diplom-Ernährungswissenschaftlerin und persönliche Trainerin begleitet *Tara Spencer* Menschen auf dem Weg zu einer besseren Gesundheit. Sie hat Erfahrung mit der Linderung von Essstörungen, dem Coaching von Sportlern und dem Einsatz von Diäten als Naturheilverfahren zur Behandlung zahlreicher Krankheiten. Ihre Arbeit als Ernährungswissenschaftlerin hat ihr die Möglichkeit gegeben, mit einer großen Bandbreite an unterschiedlichen Menschen aller Altersstufen und aus allen Lebensphasen zusammenzuarbeiten – von jungen Bodybuildern bis hin zu Tennisprofis. Auf ihrer Internetseite können Sie mehr über Tara Spencer erfahren: www.sweatlikeapig.com.

Über die Autoren des Vorworts

Dr. Frederick Godley ist als allgemeiner Hals-Nasen-Ohrenarzt an der Universität tätig und Vorsitzender der Association of Migraine Disorders, eines gemeinnützigen Vereins, der sich mit der Wahrnehmung, Aufklärung und Forschung rund um Migräne beschäftigt. Er besuchte die Boston University Medical School, schloss seine Facharztausbildung am Yale-New Haven Hospital ab und gehörte zum Lehrpersonal am Johns Hopkins Hospital, bevor er nach Rhode Island zog.

Dr. Michael Teixido ist Hals-Nasen-Ohrenarzt und hat eine aktive neurootologische Praxis am ENT & Allergy of Delaware; darüber hinaus ist er stellvertretender Vorsitzender der Association of Migräne Disorders. Er besuchte die medizinische Fakultät der Wake Forest University und absolvierte seine Facharztausbildung am Loyola University Medical Center. Michael Teixido ist Leiter des Balance and Mobility Center of Christiana Care und Kodirektor des Pediatric Cochlear Implant and Auditory Rehabilitation Program des duPont Hospital for Children.